大展好書　好書大展
品嘗好書　冠群可期

大展好書　好書大展

品嘗好書　冠群可期

禪林清音・生活篇

《放一些禪在生活裏》

心靈雅集 78

范天涯 著

大展出版社有限公司

感謝本書的編委：

常明、唐敏佳、趙靜、殷皎、朱曉婷、趙霞、劉敏、鮑田軍、章劍鋒、邊萍椒、常建忠、章亞玲、徐玉娟、邊惠椒、常虹、繆藝、黃義林、袁玉丹、曹濤。

前 言

　　在窗明几淨、舒適明亮的客廳裡，如果擺設一盆淡雅香潔的鮮花，整個客廳將顯得生氣盎然；在潔白寬大的牆上，如果懸掛一幅煙嵐雲嶺的山水圖畫，整個山河大地就彷彿擁抱在懷；一盤色香俱佳的菜餚裡，如果加點調味品，就會更加美味可口！禪，就像茶几上的那盆花，牆上的那幅畫，菜餚中的調味品，在我們的生活裡，如果能加上一點禪味、禪趣、禪機，人生的情況就別有意境了。

　　有一個青年人非常得不幸，不僅他這樣認為，別人也都這樣認為。

　　在他10歲時，母親因病去世，他不得不學會洗衣做飯，照顧自己，因為他的父親是位長途汽車司機，很少在家。7年後，他的父親又死於車禍，他必須學會謀生，養活自己，他再沒有人可以依靠。

　　20歲時他在一次工程事故中失去了左腿，他不得不學會應付隨之而來的不便，他學會了用拐杖行走，倔強的他從不輕易請求別人的幫助。

　　最後他拿出所有的積蓄辦了一個養魚場。然而，一場突如其來的洪水，將他的勞動和希望毫不留情地一掃而光。他終於忍無可忍了，憤怒地責問佛陀：「你為什麼對我這樣不公平？」

　　佛陀反問他：「你為什麼說我對你不公平？」

他把他的不幸講給了佛陀。

「噢!是這樣,的確有些淒慘,可是為什麼你還要活下去呢?」

年輕人被激怒了:「我不會死的,我經歷了這麼多不幸的事,沒有什麼能讓我感到害怕。終有一天我會創造出幸福的!」

佛陀笑了,他打開地府之門,指著一個鬼魂對他說:「那個人生前比你幸運得多,他幾乎是一路順風走到生命的終點,只是最後一次和你一樣,在同一場洪水中失去了他所有的財富。不同的是他自殺了,而你卻堅強地活著,親愛的孩子,這就是你的幸運……」

幸與不幸本就一線之隔,在佛陀看來,經歷過挫折的人反而會更加堅強,不會輕易被生活打敗;而一帆風順的人則不同,很可能一次重大的挫折就會讓他再也站不起來。這樣看來,飽受挫折的人豈不是幸運的?我們在生活中總會遇到各種各樣的不順和煩惱,這時候如果能有一顆禪心,就等於有了一股安定我們浮躁心靈的力量。

《禪林清音·生活篇》共分為六章:點燃心燈,照亮自我;看透苦樂,自在從容;見微知著,謹言慎行;天堂地獄,一念之間;心有多大,路有多寬;但盡凡心,戒除瞋癡。在閱讀的過程中,你可以品味到禪的幽默,禪的智慧,禪的慈悲;你會發現,禪是一種藝術的生活,禪是一種圓融的生命!如果我們每個人的生活裡都擁有禪的智慧、自在、率性與逍遙,那將是一件多麼幸福的事!

范天涯

目　錄

前　言 3

第一篇　點燃心燈　照亮自我 11

　1.還有一人沒有認識 11

　2.蟲界的高僧 13

　3.寫出自己的「我」 16

　4.照著自己塑佛 19

　5.尋找佛珠 22

　6.逍遙自在的和尚 24

　7.法師的心願 27

　8.道信抗旨 29

　9.站起來成佛 32

　10.不能代勞的五件事 34

　11.探尋清淨 37

　12.碰落的瓷瓶 39

　13.道岫悟禪 41

　14.把杯子倒空 45

　15.前進七步，後退七步 47

　16.大聲呼喚自己的名字 49

　17.蝌蚪和樹 52

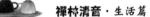

第二篇　看透苦樂　自在從容 56

　1. 吃飯睡覺的快樂 56

　2. 清風是知音 58

　3. 撫慰陽光 61

　4. 永遠樂呵呵的和尚 63

　5. 小偷的快樂 66

　6. 扛著船趕路 68

　7. 百年一夢 72

　8. 暴躁的將軍 75

　9. 不要隨手把「心」丟了 78

　10. 在坎坷的路上行走 80

　11. 毛毛蟲過河 83

　12. 暴躁的信徒 85

　13. 放棄做人的泥像 87

　14. 幸運地活著 91

　15. 和尚談色 93

　16. 長壽之道 97

　17. 生死隨緣 99

第三篇　見微知著　謹言慎行 102

　1. 兩碗麵條 102

　2. 「不倒單」的和尚 105

　3. 神醫的秘密 107

　4. 難陀出家 112

　5. 道元與有靜 114

6. 心中國泰民安 117

7. 偷花的人 119

8. 佛性平等 122

9. 山林失火 125

10. 雲門斷腿 127

11. 天下第一的點茶 129

12. 懷疑生暗鬼 132

13. 請衣服吃飯 136

14. 佛與牛糞 139

15. 溜之大吉的禪師 142

16. 一切皆禪 144

17. 舌之因果 147

第四篇　天堂地獄　一念之間 150

1. 寸絲不掛 150

2. 愛抱怨的和尚 152

3. 人生之路 155

4. 禪之味道 158

5. 飛來佛 161

6. 嚴修苦練的禪師 163

7. 誰的寺院大 165

8. 兩個乞丐 168

9. 抱著鮮花的和尚 171

10.「真」字的念法 173

11. 誠實的道楷禪師 176

12. 我不入地獄，誰入地獄 179

13. 遇佛殺佛 182

14. 掉落樹下的斑鳩 184

15. 僧侶領供果 187

16. 三個問題 189

17. 重新行醫的醫生 192

第五篇　心有多大　路有多寬 195

1. 慈悲的榮西 195

2. 被綁架的和尚 198

3. 樂善好施的長者 201

4. 一片菜葉 205

5. 慧嵬說鬼 208

6. 暴露的狼 210

7. 刺　客 213

8. 了知自心 217

9. 磕絆自找 219

10. 吵架的兩個人 221

11. 高僧讓路 224

12. 三十年的仇怨 226

13. 泥中蓮花 229

14. 仰山和尚的過失 232

15. 大象的轉變 237

第六篇　但盡凡心　戒除瞋癡 240

1. 到處找「我」的禪師 240

2. 用沙子供養佛 243

3. 貪心的漁夫 245

4. 金錢和毒蛇 248

5. 年輕人吃齋 252

6. 和尚偷「心」 255

7. 光影似虎皮 257

8. 金匠和鐵匠 260

9. 玻璃與鏡子 263

10. 送給小偷的銀子 266

11. 禪師的生活 269

12. 沙漠尋寶 272

13. 道信收徒 274

14. 禪師翻跟頭 278

15. 一日不作，一日不食 281

16. 十後悔 284

第一篇　點燃心燈　照亮自我

1. 還有一人沒有認識

　　古剎裡新來了一個小和尚，他積極主動地去見方丈，殷勤誠懇地說：「我初來乍到，先幹些什麼呢？請前輩支使和指教。」

　　方丈微微一笑，對小和尚說：「你先認識、熟悉一下寺裡的眾僧吧。」

　　第二天，小和尚又來見方丈，殷勤誠懇地說：「寺裡的眾僧我都認識了，下面該幹什麼了？」

　　方丈微微一笑，說：「肯定還有遺漏，接著去瞭解、去認識吧。」

　　三天過後，小和尚再次來見老方丈，滿有把握地說：「寺裡的所有僧人我都認識了，我想做點事。」

　　方丈微微一笑，因勢利導地說：「還有一人，你沒認識，而且這個人對你特別重要。」

　　小和尚滿腹狐疑地走出方丈的禪房，一個人一個人地詢問著，一間屋一間屋地尋找著。在陽光裡，在月光下，他一遍遍地琢磨，一遍遍地尋思著。

　　不知過了多少天，一頭霧水的小和尚在一口水井裡忽然看到自己的身影，他豁然頓悟了，趕忙跑去見老方丈。

∴道破禪機∴

認識你自己

　　蘇格拉底為了提醒自己及後人，在德爾斐神廟前的石碑上刻上了「認識你自己」的箴言；古希臘的智者普羅泰戈拉用盡一生時間，認識到「人是萬物的尺度」；偉大的思想家馬克斯為了認識自己，不斷思索，終於得出「人的本質是一切社會關係的總和」這一偉大的結論⋯⋯你也許沒有能力像上述的偉人一樣看透人類的本質，但你至少有能力、有責任認識你自己！

　　那麼，你該如何正確地認識自己呢？有一個正確的自我感知是非常重要的。自我感知主要涉及「我是一個什麼樣的人」「我為什麼是這樣的人」等，它包括自我感覺、自我觀念、自我分析、自我觀察、自我評價、自我批評等。一個人如果自我感知不正確，就會像下面這隻佛塔上的老鼠一樣：

　　一隻四處漂泊的老鼠在佛塔頂上安了家，佛塔裡的生活實在是太幸福了，它既可以在各層之間隨意穿梭，又可以享受到豐富的供品。它甚至還享有別人無法想像的特權：那些不為人知的秘笈，它可以隨意咀嚼；人們不敢正視的佛像，它可以興起之時在佛像頭上留些排泄物⋯⋯每當善男信女們燒香叩頭的時候，這只老鼠總是看著那令人陶醉的煙氣，慢慢升起，它心中暗笑：「可笑的人類，膝蓋竟然這樣柔軟，說跪就跪下了！」

　　有一天，一隻餓極了的野貓闖了進來，它一把將老鼠

抓住。「你不能吃我！你應該向我跪拜！我代表著佛！」這位高貴的俘虜抗議道。

「人們向你跪拜，只是因為你所占的位置，不是因為你！」野貓譏諷道，然後，它像掰開一個漢堡包那樣，把老鼠掰成了兩半。

極其愚蠢的自我感知使可笑的老鼠命喪貓口，你一定要對自己有一個正確的感知，否則，你也將被社會這只「貓」一口吞掉。

《聖經》上說：「任何一個人都是劫後餘生的人。」請你相信，你來到這個世上，並且一直生存在這個世上，就是一個莫大的奇蹟！

現在的你也許是平凡的，還沒有什麼作為，但這並不影響你存在的價值，只要你弄清自己的身份，始終正確地認識自己，你就能走出平庸，走向卓越。

‥禪林清音‥

大多數的人一輩子只做了三件事：自欺、欺人、被人欺。

2. 蟲界的高僧

老方丈的禪房裡，有一隻蟈蟈經常鳴叫不止。有一天，一個前來向老方丈討教的小和尚聽到了蟈蟈的叫聲，就對老方丈說：「清淨之地怎容得下這小生靈擾亂？我把它捉了放到山上去。」

老方丈說：「這是我請來的頗具佛性的貴客，它為我

伴讀，陪我誦經，不分晝夜，永無懈怠，是我的同道、知音和良師益友，哪能捉了去呢？」

小和尚疑惑道：「小蟋蟀也有佛性嗎？」

「當然有佛性了！」老方丈特別認真地說，「事無巨細、物無大小，蟋蟀的軀體儘管微小，卻耐得寂寞，清音長鳴，它是漫漫長夜的偉大歌手，更是修得道行的蟲界的高僧。」

∴道破禪機∴

找到自己存在的價值

小和尚認為蟋蟀這個小東西除了會擾人清淨之外，沒有什麼價值，卻被老和尚否定了。老和尚看到了蟋蟀的價值——「儘管微小，卻耐得寂寞、清音長鳴」。

老和尚是智慧的。在這個世界上，無論龐大和渺小，無論威嚴和卑微，萬事萬物都有其存在的價值，都應該得到關注和尊重。

那麼，你找到自己的價值所在了嗎？可能你只是一個小小的打工仔、一個剛剛畢業的大學生、一個默默無聞的「灰姑娘」，但是你能否看到自己存在的價值呢？

在一次討論會上，一位著名的演說家沒講一句開場白，手裡卻高舉著一張20美元的鈔票。在場的200多人，他問：「誰要這20美元？」

一隻隻手舉了起來。

他接著說：「我打算把這20美元送給你們中的一位，但在這之前，請准許我做一件事。」他說著將鈔票揉成一

團，然後問：「誰還要？」仍有人舉起手來。

他又說：「那麼，假如我這樣做又會怎麼樣呢？」他把鈔票扔到地上，又踏上一隻腳，並且用腳碾它。然後他拾起鈔票，鈔票已變得又髒又皺。

「現在誰還要？」

還是有人舉起手來。

「朋友們，你們已經上了一堂很有意義的課。無論我如何對待這張鈔票，你們還是想要它，因為它並沒貶值，它依舊值20美元。人生路上，我們會無數次被挫折擊倒，甚至一敗塗地。我們覺得自己似乎一文不值。但無論發生什麼，或將要發生什麼，在「上帝」的眼中，你們永遠不會喪失價值。在他看來，骯髒或潔淨，衣著齊整或不齊整，你們依然是無價之寶。」

每個人都有自己的價值，而且說不定是無價之寶，不要因為自己的渺小、卑微，而認為自己是個可有可無的人，生命的價值不依賴我們的地位和職業，也不仰仗於我們結交的人物，而是取決於我們的自身；只要正直真誠地生活，那我們的價值將是永存的。

拋棄認為自己「一文不值」的錯誤觀念，永遠要記住，你的生命是獨特的，永遠不會喪失價值。「天生我才必有用」這句話同樣適用在你的身上！

‥禪林清音‥

每一個人都擁有生命，但並非每個人都懂得生命的價值。

3. 寫出自己的「我」

　　小和尚很想跟老和尚學習書法，老和尚讓他從「我」字開始練習，並給小和尚提供了幾個前輩和名家們的「我」字帖。

　　小和尚開始耐心地觀摩並練習了一個上午，挑揀了其中一個比較滿意的「我」字，拿去讓老和尚指點。老和尚斜了一眼說：「太潦草了，接著練。」

　　小和尚接著練了一個星期，他自己也記不清究竟練了多少個「我」字了。看著滿屋的「我」字，他又挑揀了幾個自己滿意的，拿去讓師父看。

　　老和尚隨手翻了翻那幾個字，一邊背過身去一邊輕聲說：「太漂浮了，接著練吧。」

　　小和尚沉住氣，接著練了半年，基本上能把前輩和名家們的幾個「我」字臨摹得惟妙惟肖了。他又拿去，請教師父。老和尚靜靜地看了一陣那幾個字，拍拍小和尚的肩膀說：「有長進，有出息，不過，還得接著練，因為你還沒掌握『我』字的要領。」

　　得到承認和鼓勵之後，小和尚終於靜下心來，揣摩著師父的開導，一遍遍、一天天地練下去。

　　一年之後，小和尚又來找師父了。這次他只拿來唯一的一個「我」字，不過，這個「我」字再不是臨摹了，每個筆劃都是一種新寫法。很顯然，小和尚熟能生巧地練就、獨創了一種書法新體。

　　老和尚終於滿意地笑了。他意味深長地對小和尚說：

「你終於寫出自己的『我』，找到『自我』了。」

∴道破禪機∴

不模仿他人，找到真正的自我

　　做人和小和尚練字一樣，小的時候，孩子們都是「臨摹」，只會跟別人學，這無可厚非。但隨著年齡的增長，有的人依然沒有改掉這個習慣，總是跟別人學，而在此過程中，漸漸忘記了自己，喪失了自己的獨立性，成為了人云亦云的芸芸眾生；有的人則非常聰明，在「臨摹」別人之後能脫穎而出，超越前人，找到真正的自我。

　　在清代乾隆年間，有兩個書法家，一個極認真地模仿古人，講究每一筆每一畫都要酷似某某。如某一橫像蘇東坡的，某一捺像李太白的。自然，練到了這一步，他頗為得意。另一個正好相反，他不僅苦苦地練，還要求每一筆每一畫都不同於古人，講究自然，直到練到了這一步，才覺得心裡踏實。

　　那麼，究竟誰更高明呢？兩個人誰都不服誰。

　　有一天，第一個書法家嘲諷第二個書法家，說：「請問仁兄，您的字有哪一筆是古人的？」

　　後一個並不生氣，而是笑眯眯地反問了一句：「也請問仁兄，您的字究竟哪一筆是您自己的？」

　　第一個聽了，頓時張口結舌。

　　故事中的第一個書法家就像是沒有找到自我的小和尚，只是在一味地重複別人，難成大家；而第二個書法家則和小和尚一樣，他孜孜不倦地鑽研，造就自己獨特的風

格，做到了「我就是我」！

做你自己，不要模仿，這是超越他人的前提，也是美國作曲家喬治·蓋希文給世人的忠告。當時，歐文·柏林是著名的作曲家，他與蓋希文第一次會面時，已聲譽卓著，而蓋希文則默默無名。

柏林很欣賞蓋希文的才華，以蓋希文所能賺的三倍薪水請他做音樂秘書。可是別人卻勸告蓋希文：「不要接受這份工作，如果你接受了，最多成為歐文·柏林第二。要是你能堅持下去，有一天，你會超越歐文·柏林，成為第一流的作曲家。」

蓋希文接受了忠告，並漸漸成為美國著名的作曲家。

許多成功人士都是因為突破了模仿他人的桎梏，才找到了自我，取得了舉世矚目的成就。卓別林開始拍片時，導演要他模仿當時的著名諧星，結果他一事無成，直到他開始做他自己，才漸漸成功；鮑伯·霍伯也有類似的經驗，他有許多年都在唱歌跳舞，直到他發揮自己插科打諢的才能才真正走紅；瑪麗·馬克希萊德第一次上電臺，她試著模仿一位愛爾蘭諧星，但不成功，直到她以本來面目──一位由密蘇里州來的鄉村姑娘──才成為紐約市最紅的廣播明星；金·奧崔一直想去掉自己的德州口音，打扮得也像個城市人，他還對外宣稱自己是紐約人，結果只招致別人在他背後的訕笑，後來他開始重彈三弦琴，演唱鄉村歌曲，這才取得事業的成功……

一切學習都是從模仿開始的，模仿是必要的，也是無可厚非的，但是，人們也必須深刻地明白，一味地模仿別人，必定失去自我──即便你模仿得很像，那也是別人的

榮譽，而不是你的。事實上，每個人在世界上是獨一無二的，都有著其他人不具備的天賦和能力。因此一定要相信自己，在模仿的基礎上時刻想著超越，想著突破，從而尋找到一個嶄新的自我，這才有可能收穫成功。

‧‧禪林清音‧‧

　　一味地跟隨眾人，必定會失落自己，這就像找不到自己的家門一樣。

4. 照著自己塑佛

　　一座新的寺院終於在半山腰落成了，但寺院裡卻沒有佛像。小和尚就問老和尚該去哪裡搬些佛像回來，而老和尚的回答很出乎小和尚的意料。因為老和尚告訴小和尚說，佛像要他們自己動手塑。

　　小和尚心有疑問，就問老和尚該比照哪個寺院裡的佛像塑，沒有參照物，如何能塑佛。

　　老和尚隨即回答他說：「不需要比照別的寺院的佛像，比照著我們自己的模樣塑就行了。」

　　小和尚就說：「師父還行，我這副容貌太醜了，還是免了吧。」

　　老和尚暗自一笑，對小和尚說：「你也別想推辭，我照著你塑，你照著我塑，豈不方便許多？」

　　小和尚表現出一副驚訝而難為情的樣子，還想推辭。然而，老和尚繼續開導小和尚說：「只要你心裡想成為佛，那麼你就完全能夠成為佛。」

∴道破禪機∵

刻畫好自己的心像

　　老和尚的一番話不無道理。很多時候，你心裡想成為什麼樣的人，往往就能成為什麼樣的人。自己心中的畫像就是「心像」，這「心像」往往能夠給人以積極或消極的心理暗示，影響每個人的人生。

　　美國知名的籃球教練伍登，曾經讓加州大學洛杉磯分校籃球隊贏得了10次全國總冠軍，至今仍為人們津津樂道，認為他是美國有史以來最偉大的籃球教練之一。

　　他的成功哲學是：正面而積極的自我暗示。每晚睡覺前，伍登一定會告訴自己：「我今天表現得非常好，明天還要努力，一定會表現得比今天更好。」

　　在我們所生活的世界，永遠是充滿無數機會的世界，這些機會，絕不會因為我們的快樂或悲傷而有所改變；所以只要不斷地運用積極的「自我暗示」，塑造一個快樂、向上、勇敢、堅強、樂觀、博大的心像，就能夠發現這個世界有著無限的可能，也會因此而激發出自己內在的潛能來。

　　下面介紹幾種有效的塑造強大心像的方法：

　　第一，使用肯定語氣。皮膚黑的兩個女孩照鏡子，一個女孩很有自信地說：「我的皮膚呈小麥色，幾乎可以跟黑髮媲美。」而另一個女孩說：「怎麼搞的，我的皮膚這麼黑！一定沒人會喜歡我！」對於和後一個女孩一樣，常常只看到自己短處的人來說，應學會多用一些積極肯定的

語句來評價自己，鼓勵自己，不久之後你會發現，自己其實沒有那麼糟糕。

　　第二，儘量少說不利於自己的言語。強大心像的秘訣在於避免反覆使用含有負性意味的無益措辭。比如，最近遇上不順心的事情常暗自抱怨：「我真倒楣，倒楣……」結果倒楣事接連不斷。因為無形中這種語言會給自己一種消極的自我暗示，會越發加深「你就是一個倒楣蛋」的信念。於是你會對一點點不順心的小事變得特別敏感，並為此煩惱不堪。

　　第三，凡事都要有最壞的打算。每個人遇到不順利的事情都會無意識地說出「真糟」，其實內心並不認為這是最糟糕的情形，如果承認這是最壞的事情，那麼，只要一想到：「現在是最糟糕的情況，以後再也不會有這麼糟的事情了，如果有的話也只是稍微上升一些而已。」這樣就可以促使事態好轉了。

　　第四，擁有「天無絕人之路」的觀念。有時候現實的打擊會接踵而至，讓你感到極度絕望，在情緒極度低落的情況下，人的思維往往容易過於狹窄，難以找到解決問題的辦法。但如果你養成了這樣的心態：天無絕人之路，那麼無論現實的壓力有多大，你都能堅強地挺過去，人們常常會感歎「山重水複疑無路，柳暗花明又一村」，說的就是這一道理。

　　積極向上的強大心像對人的心理乃至行為都有著奇妙的作用，它可以調整人的不良情緒，挖掘人的潛能，對個人的心理、生理、成長和發展具有重要意義。拿破崙把心像看做「意識與潛意識之間相互溝通的橋樑」，積極、強

大的心像有助於人們發展自己,取得成功。

衆人皆可成佛。

5. 尋找佛珠

老法師把一粒佛珠故意丟在一大片大小不一的鵝卵石堆裡,對幾個小沙彌說,有東西丟在裡面了,讓他們給找出來。小沙彌用了好長時間,費了好大的勁兒,才從亂石堆裡找出了那粒小小的佛珠。

老法師讓沙彌們談談尋找佛珠的感受。

有個沙彌抱怨說:「師父沒說找什麼,早知道是找佛珠,肯定能快點些找到。」

另外的沙彌連連點頭,附和說:「就是就是,佛珠太小了,實在不好找,師父一開始就告訴我們要找的是佛珠就好了!」

法師聽後說:「你們若是一開始問問我,是什麼東西丟進了亂石堆裡不就好了嗎?都去面壁三天,然後再來談感悟。」

人生需要有目標

一粒小小的佛珠,蘊涵著確立目標和艱難尋覓的人生哲理。繁瑣世事、紛紜心緒就像那一大片亂石,而人們要

得到、要尋覓的僅僅是那粒「小小的佛珠」。沒有目標的人生，就好比不知道要尋找什麼；有了目標的人生，就要專心致志地排除一切影響和障礙，從「亂石」中找出那粒珍貴的「佛珠」。

某天，一個心理學家做了這樣一個實驗：他組織三組人，讓他們分別向著10公里以外的三個村子進發。

第一組的人既不知道村莊的名字，也不知道路程有多遠，只告訴他們跟著嚮導走就行了。剛走出兩三公里，就有人開始叫苦；走到一半的時候，有人幾乎憤怒了，他們抱怨為什麼要走這麼遠，何時才能走到頭，有人甚至坐在路邊不願走了；越往後，他們的情緒就越低落。

第二組的人知道村莊的名字和路程有多遠，但路邊沒有里程碑，只能憑經驗來估計行程的時間和距離。走到一半的時候，大多數人想知道已經走了多遠，比較有經驗的人說：「大概走了一半的路程。」於是，大家又簇擁著繼續往前走。當走到全程的四分之三的時候，大家情緒開始低落，覺得疲憊不堪，而路程似乎還有很長。當有人說：快到了，「快到了！」大家都振作起來，加快了行進的步伐。

第三組的人不僅知道村子的名字、路程，而且公路旁每一公里都有一塊里程碑，人們邊走邊看里程碑，每縮短一公里，大家便有一小陣的快樂。行進中，他們用歌聲和笑聲來消除疲勞，情緒一直很高漲，所以很快就到達了目的地。

心理學家得出了這樣的結論：當人們的行動有了明確目標的時候，並能把行動與目標不斷地加以對照，進而清

楚地知道自己的行進速度與目標之間的距離，人們行動的動機就會得到維持和加強，就會自覺地克服一切困難，努力到達目標。

所以，無論在工作、學習、生活、人際關係上，都要有明確的目標，它是一盞明燈，一個路牌，一方羅盤，一支火把，是前進方向的指導者，是成功的締造者。

‥禪林清音‥

人生的不幸在於身陷迷茫之中，找不到出路。

6. 逍遙自在的和尚

法眼文益在慶輝禪師處參禪，始終不能悟道，甚至連門徑都找不到，於是，他拜別師父，四處雲遊。

有一天，忽然下起了雨，他就在附近的一個小寺院中避雨。這個寺院的方丈出行去了，只剩下幾個小和尚和一個知客僧。知客僧問法眼文益：「法師往何處去呀？」

法眼文益答道：「我也不知道，只是四處走走而已。」

知客僧又問：「你四處雲遊，有什麼收穫嗎？」

法眼文益答道：「雲水隨緣。」

知客僧羨慕地說：「雲水隨緣，你真的是逍遙自在啊！」

法眼文益心裡靈光一閃——自己一直急急忙忙地求佛道，就是為了獲得大解脫而逍遙自在，而現在不是已經很逍遙自在了嗎？於是，他一下子豁然開悟了。

‧‧道破禪機‧‧

重新審視自己的目標

現在開始重新審視一下自己的目標吧，你到底想要一些什麼？

法眼文益不知道自己已經得到了想要的東西，所以一直沒有開悟，而你呢？也許你並沒有好好問過自己，好好看看自己的生活，只是一味地按部就班地活著，總認為離自己的追求相差甚遠。

在一個風和日麗的午後，一個富翁到海邊散心，看到一個漁夫悠閒地躺在沙灘上曬太陽，他好奇地走過去，於是便有了下面的一段對話。

富翁：「你沒有出海打魚嗎？」

漁夫：「已經打回來了。」

富翁：「為什麼不趁著天氣好多打一些呢？」

漁夫：「多打一些幹什麼，吃不了也浪費。」

富翁：「多打一些你可以去賣錢呀。」

漁夫：「賣了錢幹什麼？」

富翁：「賣了錢你可買大船啊。」

漁夫：「買大船幹什麼？」

富翁：「買了大船你可以打更多的魚。」

漁夫：「打更多的魚幹什麼？」

富翁：「打更多的魚你可以賣更多的錢。」

漁夫：「有更多的錢又幹什麼？」

富翁：「有了更多的錢你可以買更大的船，打更多的

魚。」

　　漁夫：「買更大的船，打更多的魚幹什麼？」

　　富翁：「你買了更大的船，打了更多的魚，就可以賣更多的錢。有了更多的錢，你就可以蓋漂亮的房子。」

　　漁夫：「我出海打魚，蓋漂亮的房子幹什麼？」

　　富翁：「有了很多很多的錢，你就不用出海打魚了。」

　　漁夫：「那我做什麼？」

　　富翁：「到時候你什麼也不用做了，可以天天曬太陽、享清福了。」

　　漁夫：「我現在不是已經在曬太陽、享清福了嗎？」

　　富翁：「……」

　　有一部分人對這個故事嗤之以鼻，認為它是消極的，似乎是在勸人不要積極努力地生活，而是要盡可能地去享受。這樣理解不無道理。

　　但這個故事也有另外一層含義：對於富翁來說，他最後的「無語」證明了他被漁夫的話震撼了，他一直認為賺錢的目的是為了曬太陽、享清福，但是他發現，這其實可以輕而易舉地做到！於是他呆住了，他無語了，他開始懷疑自己是不是錯了。是的，他是錯了，賺錢的目的不應該是單純的「曬太陽、享清福」，而應該是一種不斷進取，實現自我的快樂。

　　你有沒有犯同樣的錯誤呢？

　　現在開始重新審視自己的目標吧，不要讓錯誤的目標帶領你走向錯誤的道路。

·‥·禪林清音·‥·

　　用心去生活，不要被它平淡的外表所蒙蔽，它所富含的禪理，比佛經上的更多。

7.　法師的心願

　　寺院住持定一法師不擺資格，不講身份，經常和小和尚們一起化緣。有一天，一個新來不久的小和尚，不解地問定一法師：「師父勞苦功高，年邁體弱，為什麼還要與我們同甘共苦，一樣勞作呢？」

　　「因為我有一個夙願還沒實現，」定一法師微笑著說，「從我當上方丈的那一天起，我就立志，在有生之年，把咱們的寺院擴大一倍的規模。現在這一心願還沒有完全實現，我哪能懈怠半分呢！」

　　兩年之後，寺院的規模真的擴大了一倍。定一法師也更加蒼老了，已近垂暮之年。可是，他每天青燈長卷，深夜不眠，忙著翻譯一部舶來的經文。有幾個徒弟看不下去了，擔心方丈的身體，一同向老法師請求，讓他保重身體，注意休息。定一法師感動欣慰之餘，語氣凝重地對徒兒們說：「我尚有一個心願未了卻，在有生之年，一定要把這部經文詳盡翻譯，弘揚我法。生命有限，心願無限啊！」徒弟們聽後，對師父的關切裡又平添幾分欽佩。

　　不知挺過了多少個不眠之夜，定一法師的譯著終於完成了，刊行面世的那天，老法師在自己的禪房裡含笑圓寂。

·道破禪機·

不斷給自己制定新目標

一個人活著，一定要有理想，有目標，活著沒有目標是非常可怕的，就如同鳥兒失去了翅膀一樣。當一個目標實現之後，我們還需要給自己不斷制定新目標，這樣才能把自己的才能發揮到極限，把人生的價值擴展到最大；如果在達成一個目標之後，不再給自己制定新的目標，那麼就會變得沒有追求，沒有理想，生命也有沒有意義了。

英國有一個名叫斯爾曼的殘疾青年，儘管他的腿有慢性肌肉萎縮症，走路有許多不便，但是他還是創造了許多連健全人也無法想像的奇蹟。

19歲那年，他登上了世界屋脊珠穆朗瑪峰；21歲那年，他征服了著名的阿爾卑斯山；22歲那年，他又攀登上了他父母曾經遇難的乞力馬札羅山；28歲前，世界上所有的著名高山幾乎都踩在了他的腳下。

但是，就在他生命最輝煌的時刻，他在自己的寓所裡自殺了。

為什麼一個意志力如此堅強、生命力如此頑強的人，會選擇自我毀滅的道路呢？

他的遺囑告訴我們這樣的答案：11歲那年，他的父母在攀登乞力馬札羅山時遭遇雪崩雙雙遇難。小斯爾曼便在心中立下誓言，一定要征服世界上的著名高山。因此，他從小就有了明確而具體的目標，目標成為他生活的動力。但是，當28歲的他完成了所有的目標時，就開始找不到生

活的理由，就開始迷失人生的方向了。他感到空前的孤獨、無奈與絕望。他在遺囑中這樣寫道：「如今，功成名就的我感到無事可做了，我沒有了新的目標……」

沒有了人生目標的斯爾曼，因此感覺不到生命的意義。從某種層面上來說，人生的過程應該是一個不斷設立目標、達到目標、設立新目標，達到新目標的過程。當我們達到一個目標之後，要像定一法師那樣，給自己設立一個新的目標，在不斷追求的過程中，生命才更有價值。

‥禪林清音‥

生活中最大的幸福就是不斷前進。

8. 道信抗旨

唐朝時候，禪宗的第四祖道信大師，在黃梅一住就是三十多年。貞觀年間，唐太宗仰慕道信大師的仙風道骨，就派遣使臣前往迎請，希望道信大師能進京與自己見面。

使臣到了黃梅，向道信大師面告太宗皇帝的旨意，道信大師聽後，只是淡淡地說道：「請你為我回謝皇上的盛意。我年老了，過慣了山林生活，不願再入繁華的城市。」

使臣將道信大師的意思回覆了太宗，太宗不死心，第二次派遣使臣前來黃梅迎請道信大師。道信大師再次告訴使臣說：「請你稟告皇上，我年老多病，不能進京。」

道信大師這樣倔強，使臣毫無辦法，只好又把道信大師的意思稟告唐太宗。

　　唐太宗見道信大師一而再、再而三地推辭，心裡非常不悅，覺得道信傷害了皇帝的尊顏。

　　雖然如此，唐太宗仍然派遣使臣用轎子恭敬地迎接道信大師進京。哪知，又被道信大師拒絕了。

　　「一之為甚，其可再乎？」唐太宗終於發怒了，就令使臣前去黃梅，以刀威嚇道信大師：「若再不應詔進京，當取首級前去！」

　　道信大師這時候不但沒有慌張，反而靜靜地伸頸就刀，令使臣大驚。使臣也不敢造次，連忙拋刀扶著道信大師，向大師頂禮懺悔。使臣回京後把這情形稟告唐太宗。

　　唐太宗聽後，對道信大師的志向敬重不已，並賜以珍帛，讓大師安心修行於山林。

·道破禪機·

不要輕易動搖自己的志向

　　志向，即一個人的理想與目標，它是事業成功的基石，守住自己的志向不輕易動搖的人是值得人尊敬的，道信禪師就是這樣的一個人！面對唐太宗的威逼利誘，他絲毫不為所動，最後太宗對他也敬重不已。「有志者立一志，無志者常立志」。我們一旦下決心後，就不要輕易動搖，無論困難有多大，誘惑有多大，都要有毅力和耐心。

　　一隻受傷的天鵝，在院子裡療養。雞、鵝、鴨一齊圍過來，親切地慰問，熱情地款待。它們拿出金黃的稻穀、鮮嫩的青草，招待天鵝。它們還搭起新的房屋，鋪起柔軟的床，讓天鵝住下。

天鵝的傷養好了，參加飛禽走獸體育運動會。

第一個項目：自由體操。天鵝優美的舞姿，贏得陣陣掌聲。

第二個項目：游泳。天鵝打破世界紀錄。

第三個項目：飛高。天鵝振翅直沖雲霄。

運動場上，響起歡呼的聲浪。《飛禽走獸報》刊登了天鵝的照片。

院子裡舉行盛會，為天鵝慶功。大家一致推選天鵝為首領。天鵝低著頭，默默不語。

蘆花公雞親切地問天鵝：「你為什麼不開心，還有什麼憂愁？」

天鵝望望天空：「我要飛向遠方……」

雞、鵝、鴨唧唧喳喳地議論：天鵝真的要飛走嗎？

大家陪著天鵝觀光遊覽，蘆花公雞邊走邊介紹：「你看，門口這片草地多美呀；菜園裡，各種蔬菜多鮮嫩呀。」

花鴨把天鵝帶進池塘遊玩：「你看，東邊池塘荷花，西邊池塘菱角，南邊池塘浮萍，我們摸摸螺絲，捉捉魚蝦，多快樂呀。朋友，留下來吧。」

天鵝不為所動，抬頭望望天空，高喊一聲：「朋友，再見吧——」振翅直沖雲霄，飛向遠方。

望著天鵝漸漸遠去的身影，雞、鵝、鴨發出一片議論：我們給了天鵝崇高的榮譽、優渥的待遇，他為什麼還要飛向遠方呢……

雞、鵝、鴨永遠也不明白，那是因為天鵝有自己的遠大志向，而且它的志向堅定不移，面對「首領的榮譽」

「蔬菜的鮮嫩」「快樂的生活」也不會輕易動搖,所以它能夠飛向高空,看到最美麗的風景!人生在世,立志是成才的首要一環,而堅定不移地堅持自己的志向,不輕易動搖,則是成功的重中之重。

　　萬物皆動,唯心不動。

9. 站起來成佛

　　一位和尚跪在一尊高大的佛像前,無精打采地誦讀經文。長期的修煉並未使他成佛,他為此而苦悶、彷徨,渴望解脫。正好,一位雲遊四方的大師來到他身旁。

　　「尊敬的大師,弟子今日有緣見到你,真是前世造化!」和尚來不及站起,激動得顫顫巍巍地說,「今有一事求教,請指點迷津。偉人何以成為偉人?比如說,我們面前的這位佛祖⋯⋯」

　　「偉人之偉大,是因為我們跪著⋯⋯」大師從容地說。

　　「是因為⋯⋯跪著?」和尚怯生生地瞥了一眼佛像,又欣喜地望著大師,「這麼說,我該站起來?」

　　「是的!」大師打了一個起立的手勢,「站起來吧,你也可以成為偉人!」

　　「什麼,你說什麼?我也可以成為偉人?你⋯⋯你⋯⋯你這是對神靈、對偉人的貶損!」說著,和尚雙手合十,連念了兩遍「阿彌陀佛」。

「與其執著拜倒，不如大膽超越！」大師說罷頭也不回地走了。

「超越？呸！」和尚聽了大師的話如驚雷轟頂，「這瘋子簡直是褻瀆神靈，玷污偉人！罪過！罪過！」說著，虔誠之至地補念了一通懺悔經，又跪下了。

∴道破禪機∴

超越自己才能「成佛」

一心想取得成功，最終成「佛」的人恐怕不在少數，然而，放眼看一下，世間哪有跪著的「佛」？只有超越自己，勇敢地站起來，才能成為一個不平庸的強者！

1858年，瑞典的一個富豪人家生下了一個女兒。然而不久，孩子染患了一種無法解釋的癱瘓症，喪失了走路的能力。

一次，女孩和家人一起乘船旅行。船長的太太告訴女孩，船長有一隻迷人的天堂鳥，女孩極想親眼看一看。於是保姆把女孩留在甲板上，自己去找船長。

女孩耐不住性子等待，她要求船上的服務生立即帶她去看天堂鳥。那服務生並不知道她的腿不能走路，而只顧帶著她一道去看那隻美麗的小鳥。奇蹟發生了，女孩因為過度地渴望，竟忘我地拉住服務生的手，慢慢地走了起來。

從此，女孩的病便痊癒了。女孩長大後，又忘我地投入到文學創作中，最後成為第一位榮獲諾貝爾文學獎的女性，她就是塞爾瑪·拉格洛芙。

塞爾瑪・拉格洛芙超越了自己，勇敢地站了起來，她成為了「佛」，成為了一個真正的強者。有時候，我們在生活中，最大的敵人不一定是別人，而極有可能是我們自己！許多人總是把握不住機會，因為面對絕佳的時機總會猶豫、拖延；許多人特別能夠「知足常樂」，因為他們缺乏偉大的理想；許多人不敢暢想自己的未來，因為對自己總是信心不足；許多人總是不能突破自己，發揮潛能，取得成就，因為不敢超越自己。

其實，超越自己沒有那麼難，人們在很小的時候就在不斷地嘗試著超越自己。比如，在還不會走路的時候，你是不是總是試著自己站立、邁步？這不就是超越自己的表現嗎？現在我們長大了，可是許多人原先超越自己的勇氣卻一點一點地悄然消失了。

偉人和庸人開始是在一條起跑線上，偉人之所以成為偉人，是因為他超越了自我；庸人之所以成為庸人，是因為他走不出自我的束縛。重新拾起自己兒時超越自己的勇氣吧，積極去嘗試，不要害怕失敗，不要害怕疼痛，站起來，超越自己，你會看到另一種完全不同的風景！

∴禪林清音∴

要想達到禪的最高境界，首先要破除「我」的桎梏。

10. 不能代勞的五件事

道謙禪師與宗圓禪師結伴參訪行腳，途中宗圓不堪跋

山涉水，三番五次地鬧著要回去。

　　道謙開導說：「我們真心出來參學，而且走了這麼遠的路，現在半途而廢，實在可惜。這樣吧，從明天起，有我可以代勞的事，我一定為你代勞，但只有五件事幫不上忙。」

　　宗圓問道：「哪五件事呢？」

　　道謙道：「穿衣、吃飯、拉屎、撒尿、走路。」

　　道謙的話使宗圓終於大悟，從此再也不說辛苦了。

∴道破禪機∴

一切都要靠自己

　　佛門有句老話：各人吃飯各人飽，各人生死各人了。意思是，生死大事、參禪問道是每個人自己的事情，別人是無法幫助的。其實不光佛教如此，日常生活中的許多事情也是一樣，只能靠自己，別人不能代替分毫。

　　小蝸牛問媽媽：「為什麼我從生下來，就要背負這個又硬又重的殼呢？」

　　媽媽說：「因為我們的身體沒有骨骼支撐，只能爬，又爬不快。所以要靠這個殼保護。」

　　小蝸牛又問：「毛蟲妹妹也沒有骨頭，為什麼她卻不用背著這個又硬又重的殼呢？」

　　媽媽說：「因為毛蟲妹妹能變成蝴蝶，天空會保護她啊！」

　　小蝸牛接著問：「可是蚯蚓弟弟也沒有骨頭，也爬不快，也不會變成蝴蝶，他為什麼不背這個又硬又重的殼

呢？」

　　媽媽說：「因為蚯蚓弟弟會鑽土，大地會保護他啊！」

　　小蝸牛說：「我們好可憐呀，天空不會保護我們，大地也不會保護我們！」

　　媽媽安慰小蝸牛說：「所以我們有殼呀，我們不靠天，不靠地，我們靠自己！」

　　面對人生，面對社會，面對工作，每個人都應該有一點「蝸牛精神」，時刻記住未來需要自己去把握，人一定要靠自己。

　　背景、資源、條件和環境只是影響個人命運的外因，個人的命運如何，主要取決於自己。每個人都是世界上獨一無二的，沒有人能夠替代你的思想和行為，依賴思想只能把你推入失敗者的行列。

　　種子靠自己的力量破土而出，生長於懸崖峭壁之間；蝴蝶靠自己的力量衝出蛹殼，振翅於百花之中；強者靠自己的力量開拓未來，傲立於成功之巔。

　　我們的路都很長，也很崎嶇，一路走來，會碰見許多人──陌生人、親人、戀人、朋友，他們也許可以幫你一些忙，但許多事還是要靠自己──沒有人能夠拯救你，只有你自己；沒有人能夠改變你，只有你自己；沒有人能夠戰勝你，只有你自己……世界的顏色由自己決定，一切還得靠自己。

‧‧禪林清音‧‧

　　塵世間的成功之路只有一條：靠自己不懈地努力，不斷超越自我。

11. 探尋清淨

　　有一次，崛多禪師遊歷到太原定襄縣歷村，看見神秀大師的弟子結草為庵，獨自坐禪。

　　崛多禪師問他：「你在幹什麼呢？」

　　僧人回答：「探尋清淨。」

　　崛多禪師又問：「你是什麼人？清淨又為何物呢？」

　　僧人起立禮拜，問：「這話是什麼意思？請你指點。」

　　崛多禪師說：「何不探尋自己的內心？何不讓自己的內心清淨？否則，讓誰來給你清淨呢？」

　　僧人聽後，頓時大悟。

·道破禪機·

去除自己內心的雜念

　　有詩曰：「心本絕塵何用洗，身中無病豈求醫。欲知是佛非身處，明鏡高懸未照時。」

　　如果本心清淨，就不用去求清淨，就像沒有病的人不用去求醫一樣。如果刻意求清淨，一定是因為心裡不清淨了。人的種種雜念、妄想、煩思都源於內心，要想得到清淨，就必須去除自己內心的雜念。

　　有兩個青年人想學下棋。他們聽說奕秋是全國最有名的棋手，就相邀一起來到奕秋那裡，拜奕秋為師學下棋。

　　由於這兩個學下棋的青年人學習時用心程度不一樣，

最後學習的結果也就不一樣。其中一個人學下棋時心無雜念，全神貫注地聽奕秋講解下棋的技藝，因此他學得快，懂得深，下棋的技巧也掌握得熟練多了，後來他也成了一名出色的棋手。

另一個學下棋的青年人則不同，每當奕秋傳授下棋技藝的時候，他雖然也坐在那裡聽，可是內心卻開了小差，總覺得有天鵝快要飛過來了，他一心想著當天鵝飛近後該如何拿弓，如何搭箭，如何瞄準，然後再怎樣放箭，向天鵝射去。同樣的時間過後，他學無所成，與第一個青年人差距很大。

第二個青年人雖然和前一個青年人同在一起學習下棋，但由於他老是心中有雜念，沉思在遐想之中，學習的效果遠遠不如前一個全神貫注、用心學習下棋的青年人。

難道說是後一個青年人在才智上不如前一個青年人嗎？當然不是！只有學習時全神貫注，心無雜念的人才能學好本領。

你在學習、工作的時候，能夠清除雜念嗎？

現在人的學習、工作非常忙碌，往往每天都有一大堆事情需要「應付」，但這不是三心二意的理由，做每件事情的時候，我們都要學會專心致志，摒除雜念，只有這樣才能得到內心的清淨，把每件事情都做到盡善盡美。

┌ ∵禪林清音∵┐

心本絕塵何用洗，身中無病豈求醫。欲知是佛非身處，明鏡高懸未照時。

12. 碰落的瓷瓶

　　佛教聖地也不是絕對的片片淨土，在紅塵滾滾中，也難免沾染世俗的塵埃。儘管戒律森嚴、三令五申，有些小和尚還是屢屢犯戒。

　　這一天，剛剛做完日常佛事，僧侶們正要走出禪房時，老方丈定一法師揚手碰落了供臺上的一個瓷瓶，摔了個粉碎。眾弟子一下愣在那裡，不知方丈是失手碰落了瓷瓶，還是故意碰落的。

　　定一法師非常嚴肅地掃視一眼眾生，語氣凝重地說：「非常可惜吧？一抔泥土，不知經歷了多少工序，經過了多長時間的燒烤，才超脫成珍貴的瓷瓶，被我們擺上了神聖的供桌，成為一件高貴聖潔的法器。如果保存好了，它千百年都不會損壞的，甚至可以永遠流傳下去。可是，揚手之間，它就墜落於地，一文不值了。同樣的道理，一個人，尤其是我們斂德修行的僧人們，取得了法號，悟出個境界，不是件容易事！你若不珍惜、不自律，墮落起來與瓷瓶無異！」

　　這時，就有幾個翻然悔悟的和尚合掌跪地，深表懺悔。

∵道破禪機∵

無論何時何地都要嚴於律己

從打江山，到燒瓷瓶，從修身養性，到立世揚名，

無論是成就一番大業，還是擁有一件珍品；無論是道德品質，還是榮譽名聲……無不如方丈所列舉的瓷瓶，永存還是損毀，都取決於長久的珍惜和瞬間的揚棄。所以，我們無論何時何地都要嚴於律己，不要因小失大。

1950年冬季的一天，韶山鄉的農民正忙著往地裡送肥，只見兩個小青年騎著一頭棗紅色大馬，從遠處走來。好奇的人們走近一看，啊，原來是岸英和岸青。消息像插了翅膀，一下子傳到了各家各戶。有人問，他們回來做什麼？岸英和岸青回答：是受父親毛澤東的囑託，回家轉達他對土改的意見的。

原來，這年的冬天，韶山鄉的土地改革已到了劃分階級成分的階段。該給毛澤東家劃什麼成分呢？負責土改的農會主席兼鄉長黃秋有些為難：要是按原有財產，應劃富農；若把一個革命家庭劃為富農又於心不安。

想來想去，黃秋最後給毛澤東寫了一封信，說家鄉人民在黨的正確領導和您的關懷下，土改已進入劃成分、分田地的階段了。韶山每人平均九分三厘田，不知您老家有幾口人分田？特向您彙報，請指示。

毛澤東收到信後，他首先把家庭情況向岸英和岸青詳細地說了一遍，然後，讓兒子把自家的情況和黨的土改政策加以對照，看看該劃什麼成分，應當怎麼辦。岸英和岸青也感到為難。

這時毛澤東說：土改政策是黨的政策，咱家的情況和一個普通人家的情況一樣，應照政策辦，不能按人情辦。最後，他考慮了三點意見，說給孩子聽：一、家裡的所有財產分給農民；二、成分應當劃為富農，並付三百元作為

退押金；三、支持人民政府照政策辦事，不詢私情。岸英和岸青看到爸爸如此大公無私，極為感動。

這次，毛澤東沒有給家鄉人寫信，他派岸英和岸青親自回家一趟，一來傳達他的意見不會走樣，二來可以讓孩子們見見世面，受受教育。

回到家，岸英和岸青轉達了父親的意見後，鄉親們深受教育，更加敬佩這位家鄉偉人。

人生的修養如同易碎的瓷瓶，毛澤東如果存有一時的私心，沒有秉公處理好這件事，就會影響他的高大形象。其實，我們多年來堅守的品格、獲得的榮譽，均如同易碎的瓷瓶，我們要學會珍惜自己所擁有的瓷瓶，無論何時何地都要嚴於律己。

·‥禪林清音‥·

不懂得自愛的人，是沒有能力去愛別人的。

13. 道岫悟禪

僧人道岫雖然修行了很多年，但始終不能契悟，眼看比他晚入參禪學道的同參不少人對禪都能有所體會，道岫想想自己實在沒有資格學禪。於是，道岫決定還是做個行腳的苦行僧。他打點行裝，計畫遠行，臨走時便到法堂去向廣圄禪師辭行。

道岫稟告道：「老師！弟子辜負您的教誨，弟子參學已有十年之久，對禪，仍是一點兒領悟也沒有。我實在不是學禪的材料，今向您老辭行，我將雲遊他去。」

廣圄禪師非常驚訝地問道：「哦？為什麼沒有覺悟就要走呢？難道到別處就可以覺悟嗎？」

道岫誠懇地再稟告道：「我每天除了吃飯、睡覺之外，都精進於道業上的修持，但收效甚微。反觀同參的道友們一個個都有所長進。目前在我心的深處，萌發一股倦怠感，我想我還是做個行腳的苦行僧吧！」

廣圄禪師聽後開示道：「悟，是一種內在本性的流露，根本無法形容，也無法傳達給別人，更是學不來也急不得的。別人是別人的境界，你修你的禪道，這是兩回事，為什麼要混為一談呢？」

道岫道：「老師，您不知道，我跟同參們一比，立刻就有小麻雀與大鵬鳥的慚愧。」

廣圄禪師裝著不解似的問道：「怎麼樣的大？怎麼樣的小？」

道岫答道：「大鵬鳥一展翅能飛越幾百里，而我只圍於草地上的方圓幾丈而已。」

廣圄禪師意味深長地問道：「大鵬鳥一展翅能飛幾百里，它已經飛越生死了嗎？」

道岫聽後默默不語，若有所悟。

∴‧道破禪機‧∴

不要總把自己與他人比較

俗語云「人比人，氣死人」，總把自己與他人比較是許多人煩惱的來源。其實正如禪師所說，「別人是別人的境界，你修你的禪道，這是兩回事」。個人有個人的境

界，個人有個人的長處，總與他人比較只會讓自己活得更辛苦。

一隻花貓站在窗前，望著外面的白雲藍天，見大雁從高空飛過。它想，大雁生活得多麼自在！它自由翱翔，馳騁萬里，俯瞰大地美景，飽嘗世間佳餚……哪裡像我呀，關在一個家庭裡，爬床底，鑽黑洞，還要捉老鼠，頂多在院子裡溜溜，談戀愛時叫幾聲，也會遭到主人的毒打，唉……於是它向天空叫著：「大雁老哥，您等等。我有話說。」

一隻大雁落下問：「老弟有什麼事要我幫忙嗎？」

花貓說：「我活得很不自在……」

大雁問：「你有什麼不自在的？主人給你準備了美味食品，你每天可以睡大覺。據說你們現在嬌慣得十分懶惰，連老鼠也不捉了。」

花貓又歎了一聲：「一家人不知一家事……」

大雁說：「不管怎麼講，你活得也比我自在。像我們，冬天要向南飛，躲避寒冷；夏天要往北飛，躲避酷暑。日飛千里，辛苦著呢。況且紀律森嚴，飛行時，你要是亂了隊形，還要小心頭雁會鑿瞎你的眼睛。我非常羨慕你的舒適生活呢。」

花貓說：「既然如此，我們換一換位置吧。請你把翅膀給我用幾天，你也在這房子裡休息休息，體驗一番我們的『幸福生活』。」

大雁痛快地答應：「好的。」說著把翅膀脫下來交給花貓。

花貓來到院子裡，把大雁的翅膀安裝在自己的兩隻前

腿上，可是用盡了吃奶的力氣，總是飛不起來。花貓再爬到十層樓頂，往下一跳，隨即猛扇翅膀，結果還是摔在地下，看來摔得不輕，還「噢」地叫了幾聲。但它不死心，又爬上十層樓，可是屢試屢敗。

大雁在房子裡，首先是覺得胸悶，有點喘不過氣來，接著又嗅到了一種難聞的氣息。這時它又覺得有點餓了，一聞那貓食盆裡的味道，就想嘔。

這房子和院落也太小了！哪裡有藍天白雲呀！如果我在這裡待上十天，翅膀一退化，不要說日飛千里，恐怕連這院子也飛不出去了。

此時花貓回來了，大雁問：「貓老弟，怎麼樣？可領略了天空的美景？」

花貓頭上纏著白紗布，懊喪地說：「別提了，你這翅膀不好用，我還是覺得在房子裡好，在家裡，我沒有天敵，主人又是我的朋友……」花貓問：「老哥休息得可好？」

大雁說：「差一點把我憋死，你這裡是什麼世界！快把翅膀還給我，還是在天空翱翔的好！」

花貓把翅膀還給大雁，大雁在自己的身上安裝好，對花貓說：「不要再與他人比較了！」

大雁重又飛上藍天，心情格外舒暢；花貓回到屋裡，感到十分溫馨。從此，它們都心安理得地生活在自己的環境中了。

與別人相比，是相當辛苦的，相貌平平的人喜歡與漂亮的俊男靚女比；家境貧寒的人喜歡與一擲千金的老闆款爺比；普普通通的人喜歡與事業有成的商界名流比……人

活著為什麼經常感受不到幸福的存在？一個簡單的道理就是因為總喜歡與別人比較。

從某種層面上說，人生最大的遺憾，莫過於和別人比較。外來的比較是我們心靈動盪不能自在的來源，也使大部分的人都迷失了自我，障蔽了自己心靈原有的氤氳馨香。你要記住在這個世上，你是獨一無二的，每一個人都是獨一無二的。

不可能每一個人都能成為愛因斯坦，也不可能每一個人都能成為泰戈爾。你不能成為他，而同樣他們也不可能成為你。只要成為你自己，做你自己，人生就不會有痛苦。不要和別人比較，它能夠讓你感覺滿足，使你的生命變得有意義。

・・禪林清音・・

在佛的眼裡，每一個人的價值都是同等的。

14. 把杯子倒空

一天，有位大學教授特地向日本明治時代著名禪師南隱問禪。南隱以禮相待，卻不說禪，他只是將茶水注入這位來客的杯子，即使杯子已滿還在繼續注入。

這位教授眼睜睜地望著茶水不停地溢出杯外，終於不能沉默了，大聲說道：「已經漫出來了，不能再倒了。」

「你就像這杯子」，南隱答道，「裡面裝滿了你自己的看法，你不先把自己的杯子倒空，讓我如何對你說禪？」

‥道破禪機‥

放空自己

　　教授內心充滿了自己的見解，南隱禪師還如何向他說禪呢？我們要虛心把自己放空，才能接受周遭的事物，容納不同的看法，不斷取得進步。

　　有一個縣太爺，計畫重新整修縣城當中兩座比鄰的寺廟。公示一經張貼，前來競標的人十分踴躍。經過層層篩選，最後有兩組人中選：一組為工匠，另外一組則為和尚。

　　縣太爺說：「你們各自整修一座廟宇，所需的器材工具，官家全數供應。工程必須在最短的時日完成，整修成績要加以評比，最後得勝者將給予重賞。」

　　此時的工匠團隊，迫不及待地領了大批的工具以及五顏六色的油漆彩筆，經過全體員工不眠不休地整修與粉刷之後，整座廟宇頓時雕龍畫棟、金碧輝煌。

　　另一方面，和尚們只領了水桶、抹布與肥皂，他們只不過把原有的廟宇玻璃擦拭明亮而已。

　　到了工程結束的時候，已是日落時分，這時，落日的餘暉把工匠刷在寺廟上的五顏六色，恰好輝映在和尚整修的廟上。和尚所整修的廟宇，呈現出柔和而不刺眼、寧靜而不嘈雜、含蓄而不外顯、自然而不做作的高貴氣質，與工匠所整修的眼花繚亂的顏色，呈現非常強烈的對比。

　　縣太爺毫不猶豫地裁定和尚們獲勝。

　　其實，和尚們只是掌握了「放空」的技巧，他們把廟

宇整修得很樸素，一磚一牆卻能映照旁邊寺廟的色彩與輝煌，體現出別樣的美。

從另一個角度來說，和尚修葺的寺廟，何嘗不是我們的心靈世界呢？如果我們把自己的心靈世界填滿各種各樣的顏色，那麼當夕照的時候，還能映照旁邊的色彩嗎？所以，我們隨時隨地都要保持一種虛心、放空的心態，認真聽取他人的意見和想法，及時矯正自己的心態，這樣才能讓自己不斷進步，不斷成熟。

·禪林清音·

將我擴大如虛空。

15. 前進七步，後退七步

從前有個又窮又愚的人，在一夕之間突然富了起來。但是有了錢，他卻不知道如何來處理這些錢。

他向一位和尚訴苦，這位和尚便開導他說：「你一向貧窮，沒有智慧，現在雖有了錢，可是依然沒有智慧。你進城裡去，那裡有不少大智慧的人，你出百八兩銀子，別人就會教你智慧之法。」

那人真的去了城裡，逢人就問哪裡有智慧可買。

有位住持告訴他：「你倘若遇到疑難的事，且不要急著處理，可先朝前走七步，然後再後退七步，這樣進退三次，智慧便來了。」

「『智慧』就這麼簡單嗎？」那人聽了將信將疑。

他當天夜裡回家，推門進屋，昏暗中發現妻子居然與

人同眠，頓時怒起，拔出刀來便要砍下。這時，他忽然想起白天買來的智慧，心想：何不試試？

於是，他前進七步，後退七步，如此進退三次。然後，點亮了燈光再看時，竟然發現那與妻子同眠者原來是自己的母親。

・道破禪機・

決定需要冷靜的判斷

幸虧故事中的那人向住持買了智慧，否則他豈不意氣用事殺了自己的妻子和母親？所以，無論何時何地，我們下任何決定都要學會冷靜地判斷，不要莽撞行事。

一位空軍飛行員說：「二戰期間，我獨自駕駛F6戰鬥機，頭一次任務是轟炸、掃射東京灣。我從航空母艦起飛後，一直保持高空飛行，然後再以俯衝的姿態滑落至目的地上空300英尺執行任務。

「然而，正當我以雷霆萬鈞的姿態俯衝時，飛機左翼被敵軍擊中，頓時翻轉過來，並急速下墜。

「我發現海洋竟然在我的頭頂。你知道是什麼救了我一命嗎？

「我接受訓練期間，教官曾一再叮囑說：『在緊急狀況中不要輕舉妄動而自亂腳步，要冷靜地判斷，抓住最佳的反應時機。』飛機下墜時，我就只記得這麼一句話。因此，我沒有亂動，我只是靜靜地想，靜靜地等候把飛機拉起來的最佳時機和位置。最後，我果然幸運地脫險了。假如我當時順著本能的求生反應，未待最佳時機就胡亂操

作，必定會使飛機更快下墜而葬身大海。」

　　他說：「一直到現在，我還記得教官那句話：『不要輕舉妄動而自亂腳步，要冷靜地判斷，抓住最佳的反應時機。』」

　　一個人生活在社會上，免不了會遇到一些讓自己來不及應變、突如其來的事情，但是，這個時候一定要告訴自己冷靜，因為只有冷靜，才能理性地思考問題，做出正確的判斷。當你平靜下來，再看這些問題時，就會發現自己能夠有一個更全面、正確的認識，從而冷靜應變，做出最好的決斷。

··禪林清音··

　　只要保持心的清明，無論外界發生何事，都無法干擾人的心智。

16.　大聲呼喚自己的名字

　　每天清晨，不等寺院裡的晨鐘敲響，僧侶們就被老方丈的呼喚聲喊醒了。不過，老方丈呼喚的不是寺院裡僧侶們的名字，而是他自己的名字。

　　多少年了，老方丈總是在晨鐘敲響的前十分鐘左右，率先起床，站到寺院附近的山坡上，對著山谷大聲呼喚自己的名字。

　　有一個小和尚曾經問過老方丈：「您怎麼天天呼喚自己呢？這樣做有什麼玄機嗎？」

　　老方丈笑笑說：「我天天晚上在夢中出走，甚至雲遊

四海，騰空萬里，根本無法約束自己。醒來後當然要呼喚自己，把自己及時地喚回來呀。不然的話，就有可能把自己走失了，再也找不到自己了……」

‥道破禪機‥

把反省當成每日的功課

老和尚的行為發人深省，他每天「呼喊自己的名字」，其實是一種自我反省的表現。在我們的現實生活中，有多少人在不經意間迷失了自我，走失了自己？如果懂得了自我反省，那麼就能及時糾正自己認識上的偏差，修正偏離的人生航線，更好地認識自我、發展自我、完善自我和實現自我。

反省的方式可以靈活多樣。比如：

第一，用座右銘來督促、提醒自己

座右銘是很好的自我反省的一種方式，它可以隨時提醒自己。曾經「虎門銷煙」、令鴉片販子聞風喪膽的林則徐，年輕時脾氣急躁，遇事容易發怒，這樣往往把本來可以辦好的事搞糟。為了克服這個弱點，他就寫了「制怒」二字，並將其製成匾額懸於書桌之前，而且無論他到哪個地方，總是不忘攜帶這塊匾額，以此來督促自己自我反省，最後他終於克服了這一缺點，成為沉著、謙和的人。

諾貝爾獎獲得者彼德・塞曼讀大學時，曾終日沉迷於追逐感官享樂之中，因而荒廢了學業。到了期末考試，物理科目不及格。他的母親得知之後，流著淚對塞曼訴說了她早年如何為他而在生活中痛苦掙扎的經歷，塞曼的心靈

受到了強烈的震動。不久，他的母親去世了。為了銘記母親的教導，他將母親的遺像嵌在一個小鏡框裡，總是隨身帶著。一次，他在某大學講課時，一道難題難住了他，當他想敷衍過去的時候，手偶然觸到了母親的遺像。他馬上責備自己，以此激勵自己的信心，並很快將這道難題解出來了。母親的遺像成了督促塞曼不斷自省的「座右銘」，提醒他不斷向自己的缺點開戰。

無論是林則徐還是彼德・塞曼，他們都利用了座右銘的方式，很好地反省了自己，修正了自己的不良行為習慣，取得了成功。

第二，寫日記

不要小看日記這種方式，堅持每天記日記是一個人進行內省或自我觀察的很好形式。它可以透過回憶，再透一天的經歷，對自己進行審視和分析，洞察自己，反省內心，說明自己及時認識優缺點，從而為明天提供一面自鑒的鏡子。

世界著名的大文豪列夫・托爾斯泰在年輕的時候，發現自己身上存在著明顯的弱點，即浮躁、懶散、缺乏毅力等。他意識到這些弱點將阻礙自己實現人生目標，於是他採取的措施之一便是堅持每晚記日記，以此自我省察每天所做的一切。經過長期持之以恆、堅持不懈的努力，托爾斯泰終於克服了浮躁、懶散、缺乏毅力等缺點，成為舉世聞名的大作家。

也許許多人很難養成每天記日記的習慣，覺得每天動筆寫字是件很讓人頭疼的事情，其實，自我反省的日記不需要多少文采，也不限字數多少，它的目的在於讓你梳理

一天的言行。因此，完全不需要把它當成一件難以完成的任務來對待。

第三，靜思法

當每天有空的時候，你可以選個安靜的地方，閉上眼睛，想一想今天做了些什麼，哪些是對自己的發展有利的，哪些是不利的，需要在日後加以改進。這些日積月累中的發現，都會銘刻在你的大腦中，成為指導你今後行動的原則。在這個世界上，並沒有完美無缺的人，優點和缺點只是一膜之隔，關鍵就在於如何自我反省。

當然，自我反省並不是一件輕鬆愉快的事情，在反省的過程中，最大的可能是發現自己的缺點是如此之多，因而產生動搖，喪失對自己的信心。這也最容易導致自我反省的中斷。此時你一定要堅持下去，當它一旦成為你的生活習慣時，那將對你的人生起到極為重要的作用。

另外，自我反省不僅僅流於座右銘、日記、靜思這些形式，你完全可以針對自己的情況，找到最適合、最有效的反省方式，朝自己理想的人格目標前進，為最終自我實現、自我成功創造一條坦途。

・・禪林清音・・

自知之明是最難得的知識。

17. 蝌蚪和樹

一個小和尚去河裡挑水，回到寺院時，發現水裡帶來一隻小蝌蚪。當他正準備把這個拖著長尾巴的小蝌蚪放回

木桶，捎到河水裡去時，老方丈看到了。

方丈走過來說：「放到玻璃瓶裡養些天吧，看它有什麼變化，然後再放它到河裡去也不遲。」

小和尚聽了老方丈的話，就把小蝌蚪暫且放在玻璃瓶裡養了起來，有時還餵它些饃饃粒，或者把它從房間裡捧到外面曬曬太陽，對小蝌蚪非常疼愛。

每隔三五天，老方丈也會過來看看小蝌蚪的生長情況。大概過了半個月，小蝌蚪的長尾巴明顯地短了許多，後腹部還長出了兩隻小腿兒。又過了十多天，小蝌蚪的尾巴更短了，嘴巴下邊也長出了兩隻小腿兒。

老方丈看看快長成青蛙的小蝌蚪，又看看勤勉飼養它的小和尚，撚鬚不語。

又過了幾天，小蝌蚪的尾巴徹底不見了，終於變成了一隻綠色的小青蛙。老方丈捧著玻璃瓶看了又看，然後對小和尚說：「你可以放它回歸大自然了，它終於由原來的蝌蚪變成青蛙了，阿彌陀佛……」

小和尚又去挑水時，就把小青蛙給放了。回來的路上，他遇到老方丈從山上下來，居然背著一捆樹枝。他非常困惑地對方丈說：「您這麼大歲數了，為什麼還要親自砍柴呢？」

方丈笑笑說：「我不是去砍柴，我是去為小樹們超度，樹木不如蝌蚪，它們的『尾巴』不會自行消失，務必讓人動手砍去才行。」

直到這時，小和尚才翻然醒悟，道行猛然長進了許多。

改掉自身的惡習

蝌蚪不收尾成不了青蛙，小樹不砍枝成不了大樹。一個人要想成才，獲得人生的成功，必須改掉自己身上的惡習，如果任其在身上存留，那麼必將成為大患。

點金石是一塊小小的石子，它能將任何普通金屬變成純金。據一本古書上記載，點金石就在黑海的海灘上，和成千上萬的與它看起來一模一樣的小石子混在一起。羊皮卷上還記載另外一個秘密：真正的點金石摸上去很溫暖，而普通的石子摸上去是冰涼的。

有一個人，不知道從哪裡得到了這個秘密，他購買了一些簡單的設備，在海邊搭起帳篷，開始一個一個檢驗那些石子。

海灘上佈滿了模樣相似的石頭，如果他撿起一塊普通冰冷的石子將它就地扔下，他可能會重複拾起這塊石頭，會做許多徒勞無益的勞動。對此，他十分清楚。所以，他撿到的石子摸起來是冰涼的話，就扔進大海裡。

他撿石頭，扔石頭，就這樣重複幹了一整天，也沒有摸到一塊溫暖的石頭。但是，他似乎並不氣餒，依然接著幹了一個星期、一個月、一年、三年，但是他還是沒有找到點金石。

點金石像一顆希望之星，激發了他無限的熱情，使他繼續這樣幹下去。他撿起一塊石子，是涼的，就將他它扔進海裡；他又去撿起另一塊，還是涼的，他再把它扔進海

裡。

　　有一天上午，他撿起了一塊石子，而且這塊石子是溫暖的……但是，他隨手就把它扔進了海裡──他已經如此習慣於做扔石子的動作，以至於當他真正想要的那一個到來時，他還是把它扔進了海裡！

　　惡習讓這個人與點金石擦肩而過。我們在生活中是否也曾因一些不良習慣而誤了大事呢？一次遲到，也許能讓你錯過重要的考試；一次撒謊，也許會讓愛人離你而去；一次馬虎，也許會釀成極大的交通事故……如果你可以改掉賴床的惡習，撒謊的惡習，馬虎的惡習……這些事情是不是就不會發生？

　　不要心存僥倖，審視自己，看看自己有什麼壞習慣需要改正，然後拿起「斧頭」，砍掉自己身上的這些不良「枝丫」吧！

·禪林清音·

　　雖然我們不能改變周遭的世界，但我們可以改變自己。

第二篇　看透苦樂　自在從容

1.　吃飯睡覺的快樂

有個人生活衣食無憂，可總感覺不到快樂，他去問慧海禪師：「為何我現在感受不到快樂？」

慧海禪師說：「你吃飯嗎？睡覺嗎？」

「當然，誰不要吃飯睡覺！」

「那你覺得吃飯快樂嗎？睡覺快樂嗎？」

「吃飯睡覺還分什麼快樂不快樂？」

慧海禪師笑笑，說：「當然了。許多人體會不到吃飯睡覺的快樂，是因為吃飯時不肯好好吃，百種索取；睡覺時不好好睡，千般計較。」

那人恍然大悟，轉身離去。

┌─ **・道破禪機・** ─┐

快樂就在身邊，享受當下生活

人，要學會享受當下的生活，因為快樂其實就在你的身邊。也許有的人會問，我要什麼沒什麼，拿什麼享受？其實，只要你會享受，吃飯睡覺也是一種快樂！慧海禪師可謂一語中的，絕大多數人感受不到快樂，不是因為沒

有飯吃，而是雜念紛呈，吃得沒有滋味；不是沒有睡覺時間，而是心神不寧，睡不著覺。當你學會享受當下生活的時候，你就能感受到生活充滿了快樂。

一群事業有成的同學回去看望他們的大學老師，很快他們開始抱怨生活和工作中的壓力。

老師去廚房為客人們準備咖啡，回來時端著一大壺咖啡和各式各樣的杯子，這些杯子有陶瓷的、塑膠的、玻璃的、水晶的，有的普通，有的昂貴，有的精緻，老師讓大家隨意享用。

每個人都端起一杯，有幾個人端晚了，所有好看昂貴的杯子都被別人拿去了，他們端起剩下那些樸素便宜的杯子，表現得有點失落。

這時候，老師對大家說：「現在看看你們手裡的杯子，我知道拿到昂貴杯子的人心中很滿足，而拿到廉價杯子的人有些失落。你們都想要最好的，這很正常，這恰恰是你們的問題和壓力所在。其實，無論是哪種杯子，裡面的咖啡都是一樣的，它們並沒有因為杯子的精緻而變得更高貴。所以，無論你端起的是哪種杯子，你都應該帶著一份愜意的心情去享受那份咖啡的芳香，因為它們並沒有什麼不同。」

最快樂的人們並不是因為他們擁有最好的一切，而是他們懂得享受當下的生活。你明白這個道理了嗎？

··禪林清音··

你什麼時候懂得享受當下，什麼時候就沒有煩惱。

2. 清風是知音

　　佛曲本來是佛教徒在舉行宗教儀式時所歌詠的曲調，可是，樂天和尚卻幾乎達到了曲不離口的程度。無論在寺院裡值更，還是到各地化緣，他總是哼哼唧唧地、樂陶陶地唱個不停。從《彌勒佛曲》《如來藏佛曲》到《釋迦牟尼佛曲》《觀音佛曲》……他哼了一遍又一遍，唱了一曲又一曲。

　　有一天，一個跟隨他化緣的小和尚，終於忍受不住心中的煩躁，就問樂天和尚：「師兄，你整天樂顛顛地唱個沒完，究竟是唱給誰聽呢？」

　　「當然是唱給佛陀、唱給菩薩聽了。」樂天一邊哼唱著一邊說。

　　「在寺院裡是唱給佛祖、菩薩聽，來到鄉間野外，也是唱給他們聽嗎？」小和尚說，「你有時間唱，佛祖和菩薩還不一定有時間聽呢。」

　　「那就唱給自己聽。」樂天依然樂呵呵地說。

　　「拿佛曲唱給自己聽，不是有失敬仰嗎？」小和尚故意裝著嚴肅的口氣。

　　「那就唱給清風聽。」樂天和尚笑得更舒暢了，手舞足蹈地說：「對了對了，清風是佛曲的載體，清風是我的知音。」

·道破禪機·

不要在乎他人的眼光

當樂天和尚整天唱佛曲，被小和尚厭煩的時候，他並沒有因此而「住口」，反而找到了自己的知音——清風！這種不在乎他人眼光的態度非常值得人們學習，只要事情不涉及大是大非，那麼就隨自己喜歡，隨自己願意，盡情地去做吧，這就是快樂，這就是幸福。

弗瑞迪16歲那年，在暑假將臨的時候，他對爸爸說：「爸爸，我不要整個夏天都向你伸手要錢，我要找個工作。」

父親從震驚中恢復過來之後，對弗瑞迪說：「哦，我的小弗瑞迪，你根本沒有一技之長，是沒有辦法找到工作的。」

「別這樣評價我！現在雖然很難找工作，但有些人總是可以找到工作的。」

「哦？哪些人？」父親帶著懷疑問。

「像我這樣會動腦筋的人。」

弗瑞迪在「事求人」廣告欄上仔細尋找，找到了一個很適合他專長的工作，廣告上說，找工作的人要在第二天早上8點鐘到達42街的一個地方。佛瑞迪並沒有等到8點鐘，而在7點45分就到了那兒。可是他看到已有20個男孩排在那裡，他只是隊伍中的第21名。

怎樣才能引起特別注意而競爭成功呢？弗瑞迪進入了那最令人痛苦也是最令人快樂的程式——思考。在真正思

考的時候，總會有辦法的，弗瑞迪就想出了一個辦法。他拿出一張紙，在上面寫了一些東西，然後折得整整齊齊，走向秘書小姐，恭敬地對她說：「小姐，請你馬上把這張紙條轉交給你的老闆，這非常重要。」

秘書小姐可是一名老手，如果弗瑞迪只是一個普通的男孩，她可能會說：「算了吧，小夥子。你回到隊伍的第21個位子上等著吧。」但是他不是普通的男孩，秘書小姐直覺地感覺到弗瑞迪散發出的一種自信的氣質。她把紙條收下。

「好啊！」她說，「讓我來看看這張紙條。」

她看了以後不禁微笑起來。她立刻站起來，走進老闆的辦公室，把紙條放在老闆的桌子上。

老闆看了也大聲笑了起來。因為紙條上寫著：「先生，我排在隊伍中的第21位，在您沒有看到我之前，請您不要做決定。」

弗瑞迪是不是得到了工作？他當然得到了工作！因為他不被父親的錯誤評價所影響，仍然充滿自信地去做自己認為正確的事情。

生活上很多事情都是如此，別人的評價有可能是正確的，也有可能是錯誤的，當你聽到一些別人對你的評價，而你心裡並不認同的時候，不用太在乎，你心中要對自己有一個正確的評價，「走自己的路，讓別人說去吧！」

∵禪林清音∵

只要自覺心安，東西南北都好。

3. 撫慰陽光

　　一位叫樂天的老和尚，每天都樂呵呵的。有個小沙彌感到好奇和羨慕，就尋個機會問樂天和尚：「師父，我看你每天都樂呵呵的，太令人眼饞了，有什麼訣竅嗎?」

　　「什麼訣竅也沒有，」樂天和尚笑眯眯地說，「我這張被陽光撫慰過的臉，就像開花一樣，自然而然地就笑了。」

　　小沙彌就說：「陽光怎麼不撫慰我呢？我怎麼就笑不起來呢？」

　　「那是因為你沒撫慰陽光，」樂天和尚依然笑眯眯地說，「其實，陽光對每個人都是一樣的，我經常看到，你的臉上也滿是陽光的。」

　　小沙彌更加迷惑了，不解地問：「陽光怎麼撫慰呢？」

　　「珍惜每寸光陰，不虛度每一天，」樂天和尚還是笑眯眯地說，「早晨迎接朝陽的升起，傍晚目送夕陽的餘暉，不就撫慰陽光了嗎?」

　　小沙彌終於明白了樂天和尚的開導，舒心地笑了。

道破禪機

珍惜每一寸光陰

　　珍惜時間，不虛度時光是對陽光最好的撫慰！做到這一點的人，都是一個充實的人，快樂的人！也只有做到

這一點，才有可能迎來人生的成功。歷史上凡是有成就的人，無不珍惜時間，勤奮學習、工作。

偉大的科學家愛因斯坦一次與朋友約會，他站在橋頭一邊等候，一邊在紙上急匆匆地寫著，雨淋濕了衣服，他也毫不察覺。朋友終於來了，滿懷歉意地說：「對不起，耽誤了你寶貴的時間。」

愛因斯坦卻興奮地說：「我非常有益地度過了這段時間，因為在此時我又得到了一個出色的想法。」

愛迪生也非常珍惜時間。一天，愛迪生對他的助手說：「你測測燈泡的容量。」過了好半天，他看見助手在測量燈泡的周長、斜度，拿測得的數字計算。愛迪生拿起空燈泡斟滿水，說：「倒在量杯裡，告訴我它的容量。」助手立刻讀出了數字。

愛迪生說：「這是多麼容易的測量方法，又準確，又節省時間，你怎麼想不到呢？還去算，那不是浪費時間嗎？」

我國也有很多珍惜時間的歷史名人。

古代著名畫家王冕出身貧寒，家中無力供他上學，他只得到一個姓秦的人家放牛。王冕時刻想著讀書學習，每次出去放牛，都借來書本帶在身上，有時騎在牛背上讀書，有時牛在吃草，他就坐在樹下看書。就這樣，王冕利用點點滴滴的時間，靠自學學到了很多知識。後來他又刻苦畫畫，終於成了著名的畫家。

魯迅的成功，有一個重要的秘訣，就是珍惜時間。魯迅十二歲在紹興城讀私塾的時候，父親正患著重病，兩個弟弟年紀尚幼，魯迅不僅經常上當鋪，跑藥店，還得幫助

母親做家務；為了不影響學業，他必須作好精確的時間安排。此後，魯迅幾乎每天都在擠時間。他說：「時間，就像海綿裡的水，只要你擠，總是有的。」

魯迅讀書的興趣十分廣泛，又喜歡寫作，他對於民間藝術，特別是傳說、繪畫，也非常愛好；正因為他廣泛涉獵，多方面學習，所以時間對他來說，實在非常重要。他的工作條件和生活環境都不好，但他每天都要工作到深夜才肯休息。

珍惜時間的成功人士舉不勝舉，他們都明白，生命是不可輪廻的，只有把握住了時間，才等於把握住了生命，把握住了機會。是的，時間如水，來得快，去得也快，用完了，就沒有了，只有珍惜時間才能做時間的主人，才能讓人生變得絢麗多彩！

·:·禪林清音·:·

時間可以造就人格，可以成就事業，也可以儲積功德。

4. 永遠樂呵呵的和尚

大明寺的樂曾和尚永遠都樂呵呵的。

有一天，他去化緣，剛走出寺院的大門沒多遠，就踩上小孩子拉的髒物。面對如此的倒楣事兒，他卻哈哈大笑起來。同行的其他僧人就問他笑什麼。

他樂呵呵地說：「我今天肯定走好運，化緣也會非常的順利，因為我剛出門就踩上了軟黃金！」他一邊說，一

邊眉開眼笑地走到附近的麥田，將腳上的髒物全部蹭到麥田裡，嘴裡嘟囔著：這可真是軟黃金啊！

另一次，樂曾和尚打掃寺院時，樹上的一隻小鳥拉了一泡稀糞，不偏不倚正好落在他的光頭上。其他的僧人看到了，都非常驚訝地呵斥樹上的小鳥，他卻樂呵呵地說：「天底下這麼巧的事情居然落在了我的頭上，看來我的這顆光頭非同一般，得好好地開發和利用。」

其他的和尚都被他逗樂了。他又仰臉對小鳥說：「以後再開這樣的玩笑，要在沒外人的時候，不然，下次我就騰雲駕霧拉在你的頭上。」

還有一次，樂曾和尚去外地主持一個大型法會，快趕到地點時，天上突然下起了瓢潑大雨。參加法會的人們都暫時離開露天會場，到附近的房屋裡避雨去了。只有樂曾和尚迎著暴雨健步走上法台，任憑大雨淋個痛快。不僅如此，在稠密的雨簾裡他還脫下自己的上衣，拿出一副淋浴的架勢，樂陶陶地享受起來。

大雨過後，趕過來的人們問他為什麼不去避雨。他樂呵呵地說：「這可是老天專為祝賀咱們的法會饋贈的禮物，是求之不得的天浴啊！」

：道破禪機：

換個角度看問題

一個人活得是不是快樂，重要的是看問題的角度。如果你遇到了樂曾和尚所遇到的事情，會樂呵呵地面對嗎？如果自歎不如的話，那麼不妨學習一下他換個角度看問題

的智慧吧！換個角度，也許你就能變得快樂起來！

小男孩高興地拿著一個大蛋捲冰淇淋，一邊走一邊吃，好不快活。忽然一不小心，整個可口的冰淇淋掉到地上，散成一片。

男孩呆在那裡不知所措，甚至也哭不出來，只是張大了眼睛看著一地的冰淇淋。

這時有個老太太走過來，對小男孩說：「好吧，既然你碰到這樣壞的遭遇，脫下鞋子，我讓你看一件有意思的事情。」

老太太說：「用腳踩冰淇淋，重重地踩，看冰淇淋從你腳趾縫隙中冒出來。」

小男孩照著她的話做了。

老太太高興地笑：「我敢打賭，這裡沒有一個孩子嘗過腳踩冰淇淋的滋味。現在跑回家去，把這有趣的經驗告訴你媽媽。」她接著說，「要記住，不管遭遇什麼，你總可以在其中找到樂趣。」

任何事情都有兩面，正面的思考常會幫助你克服困難，何必一定要被負面所捆綁。換個心情去享受眼前的一切吧。不同的心情，必會產生不同的樂趣。

一個人是不是快樂，在於他的心境好壞；而他心境的好壞，在於他看問題的角度。有時候換個角度來看，你會意外地看到一片碧海藍天！

·禪林清音·

當你快樂時，你要想這快樂不是永恆的。當你痛苦時，你要想這痛苦也不是永恆的。

5. 小偷的快樂

石屋禪師外出，碰到一位青年男子，暢談之下，不覺天色已晚，兩人因此投宿旅店。

半夜，禪師聽見有人躡手躡腳地來到了他的屋子裡，禪師大喝一聲：「誰！」

那人被嚇得跪在地上，禪師揭去他臉上蒙著的黑布一看，原來是白天和他同行的青年男子。

石屋禪師說：「喔！原來你是個小偷，你前後偷過幾次？」

男子回答：「數不清。」

石屋禪師問：「每偷一次，能快樂多久呢？」

男子回答：「那要看偷的東西價值怎樣啊！」

石屋禪師追問：「最快樂時能維持多久？」

男子回答：「幾天而已了，過後仍舊不快樂的。」

石屋禪師說：「原來是個鼠賊，為什麼不大大地偷一次啊？」

男子問：「你有經驗嗎？你共偷過幾次啊？」

石屋禪師回答：「只有一次。」

男子疑惑地說：「只有一次？這樣可以嗎？」

石屋禪師回答：「雖然只有一次，但畢生受用不盡啊。」

男子急問：「這東西是在哪裡偷的？能教我嗎？」

禪師突然緊緊抓住男子的衣襟，厲聲喝道：「這個你懂嗎？這是無窮無盡的寶藏，你將真正的一生奉獻在事業

上，畢生受用不盡，你懂嗎？」

真是一語驚醒夢中人啊！貪取身外之財，自身本貯藏有無窮的寶藏而不知，常為取一時之樂而步入歧途，迷失本性，何以得永遠之樂？這個人從此改邪歸正，拜石屋禪師為師，後來他也成為著名的禪僧。

∴道破禪機∴

不可玩物喪志

玩物喪志，指的是醉心於玩賞某些事物或迷戀於一些有害的事情，從而喪失積極進取的志氣。有些事物確實可以帶給人短暫的快樂，但是真正的快樂，是將精力放在值得奉獻一生的事情上才能有所體會的。所以，做人不可玩物喪志，否則會後悔終生。

春秋時，衛懿公是衛國的君主。衛懿公特別喜歡鶴，整天與鶴為伴，如癡如迷，喪失了進取之志，常常不理朝政，不問民情。他還讓鶴乘豪華的車子，比國家大臣所乘的還要高級。他為了養鶴，每年耗費大量資財，引起大臣不滿，百姓怨聲載道。

西元前659年，北狄部落入侵衛國，衛懿公命軍隊前去抵抗。將士們氣憤地說：「既然鶴享有很高的地位和待遇，現在就讓它去打仗吧！」

衛懿公沒辦法，只好親自帶兵出征，與狄人戰於滎澤，由於軍心不齊，結果戰敗而死。人們把衛懿公的行為稱作「玩物喪志」。

「玩物」會「喪志」，是因為有些人玩物玩過頭了，

完全被物控制住了，當物和志發生矛盾時，物完全壓倒志，因此玩物而喪志。

玩樂本身是個中性詞，如果把握得好，那麼可以讓生活更有情趣，事業更上一層樓。

比如世界上有許多科學文明、文化進步，其起源都是由於科學家、文化人、藝術家、工匠對某一事物「玩」的興趣。愛迪生的發明是「玩」出來的，牛頓的試驗也是「玩」出來的，多少文豪的作品更是在創作愛好驅動下「玩」出來的！

而如果像衛懿公一樣被物控制住了，那麼就會沉迷於此，喪失積極進取的志氣。

要做到玩物但不喪志，必須把握物與志的平衡。人是物的主人，不能使物成為人的主人，控制人。玩物應該是拿得起，放得下，進得去，出得來，玩到悠然、淡然、超然，方能成為智者。

禪林清音

人在燈亮，人死燈滅。不要把精力過於投入到玩樂之中，那是不智的行為。

6. 扛著船趕路

一個年輕人千里迢迢跑去找一位高僧，他說：「大師，我是那樣的孤獨、痛苦和寂寞，長途跋涉也使我疲倦到極點。我的鞋子破了，荊棘割破雙腳；手也受傷了，流血不止；嗓子因為長久的呼喊而喑啞⋯⋯為什麼我還不能

找到快樂？」

高僧笑問：「前面那條河，你是怎麼過來的？」

「乘船過來的。」

「你扛著船趕路吧！」

「什麼，扛著船趕路？」年輕人很驚訝，「它那麼沉，我扛得動嗎？」

「扛不動，為什麼不放下？」高僧微笑道。

「什麼？」年輕人沒聽懂。

高僧解釋說：「過河時，船是有用的。但過了河，就要放下船趕路。否則，你會感到不堪重負。同樣的道理，過去你所經歷的事，都是你到達現在的渡船，你既來到現在，何不把渡船放下，還要扛在肩上，為它痛苦、孤獨、寂寞、煩惱呢？」

年輕人若有所悟。

∴道破禪機∴

學會放下

有一句人生箴言說得好：「放下是一種睿智，它可以放飛心靈，可以還原本性，使你真實地享受人生。」

人生苦短，劫難也多，如果你把每個包袱都背著走，會很累很累，甚至有一天可能走不動，所以，很多事要放下來，才能輕鬆。

從前有一個國王，他有一個溫柔美麗的妻子和一個可愛的兒子。他應該很幸福。可是他總是覺得自己不開心，不快樂！

有一天，他招太醫過來對他說：「我為什麼會這麼不快樂？你今天應該找到一個讓我快樂的辦法。而且這是你的責任！如果你做到了，我就賜予你大量的財富；如果你沒有做到，我就砍了你！」

　　太醫想了很久也沒有想出辦法來。他只好對國王說：「尊敬的國王陛下，請給我一天的時間去研究這種方法，明天再告訴您，好嗎？」

　　國王說：「好吧，我希望明天你能給我一個滿意的答覆。」

　　太醫回去後就頭痛了，這該怎麼辦啊？如果我不能讓國王快樂，我的腦袋就會搬家。他整整想了一晚上，終於想到一個方法。

　　第二天，他跟國王說：「陛下，只要你能穿上最快樂的人的衣服，你就能夠快樂起來！」

　　國王立刻派宰相去尋找這樣一個快樂的人，並要求把他的衣服帶回來。

　　宰相出發了，他想應該是有錢的人才快樂吧。於是，他來到一個最有錢的人家中，告訴他國王需要穿上一個快樂人的衣服，這樣的話，他就能夠如這個快樂的人一樣快樂了。

　　「可以，你要拿多少衣服都行，但是，其實我一點都不快樂！」有錢的人說。

　　宰相又找了很多人，其中有很富有的，有很有權力的，可是他們都不快樂！宰相疑惑了：他不知道該怎樣去尋找快樂的人。

　　正在不知如何回去交差時，他的一個手下告訴他：

「宰相大人，別擔心，我知道有一個快樂的人，其實你也知道這個人，他就是每天晚上在我們附近的河邊吹笛子的人。」

宰相一聽，有些驚喜：「是啊，每天晚上都能聽到動聽的笛聲，這個人是誰呢？他一定很快樂！」

手下說：「雖然我們不知道他是誰，但是，我們可以在晚上到河邊找到他。」

於是，到了晚上，宰相和他的手下來到河邊，順著優美的笛聲找到了吹笛子的人。

「請問你快樂嗎？」宰相走過去問吹笛的人

「是啊！我每天都在這裡欣賞著大自然的美景，吹著我喜歡的笛子。」吹笛的人說道。

「那太好了，」宰相高興極了，「那能否把你的衣服借我一些？」

「那是不可能的。」吹笛的說。

「為什麼？我們國王需要它！」宰相說。

吹笛的人不語。

「你聽到沒有？我們的國王需要它！」宰相再次說。

「那是不可能的。因為我根本就沒有衣服，你們沒有看出來，那是因為天太黑了，這也是我為什麼會在天黑時在這裡吹笛的原因。」吹笛子的人說。

「那你為什麼還這麼開心、快樂呢？」宰相疑惑了。

吹笛子的人說：「當有一天，我真的懂得放下的時候，那我就真的快樂了。」

放下是一種解脫，一種頓悟；放下是心態的選擇，是生活的智慧。

放下的過程，也是得到的過程，當你緊握雙手，裡面什麼都沒有；當你鬆開雙手，世界就在你手中。學會放下，壓力、煩惱、敵人、痛苦等自會減少很多。所以，從現在開始「放下」吧，你會收穫更多的快樂！

‧‧禪林清音‧‧

　　如何向上，唯有放下。

7. 百年一夢

　　有一天，李端願太尉問曇穎禪師：「禪師！請問人們常說的地獄，到底有還是沒有呢？」

　　曇穎禪師回答說：「無中說有，如同眼見幻境，似有還無；太尉現在從有中覓無，實在好笑。如果人眼前看到地獄，為什麼心裡看不見天堂呢？天堂與地獄都在一念之間，太尉內心平靜無憂慮，自然就沒有疑惑了。」

　　太尉發問：「那麼，內心如何無憂慮呢？」

　　曇穎禪師回答：「善惡都不思量。」

　　太尉又問：「不思量後，那心歸何處呢？」

　　曇穎禪師說：「心無所歸。」

　　太尉再問：「人如果死了，歸到哪裡呢？」

　　曇穎禪師問：「不知道生，怎麼知道死啊？」

　　太尉說：「可是『生』我早已經知曉了。」

　　曇穎禪師又問：「那麼，你說說生從何來？」

　　太尉正沉思時，曇穎禪師用手直搗其胸，說：「只在這裡思量個什麼啊？」

太尉說：「是啊，只知道人生漫長，卻沒有發現歲月蹉跎。」

曇穎禪師說：「百年如同一場夢。」

·道破禪機·

憂慮是一把心靈的枷鎖

浮生若夢，一切虛幻，本來就無所謂去和來，天堂與地獄都在一念之間，所以人生在世，何必內心憂慮呢？

憂慮是自己給自己縛上的心靈枷鎖，田野裡的百合花從不憂慮它能不能開花，是不是可以開得和其他的花一樣美，但是它就自然地開花了，而且開得非常美。

你呢，憂慮什麼呢？人比百合花貴重多了，上帝會棄你不顧嗎？

老孫那年42歲，他每天到餐廳吃飯的時候，幾乎不買葷菜，總是只吃一個蔬菜和一碗飯，他幾乎沒有什麼像樣的衣服。在工作之餘，他還給一些企業兼職做一些賬，這樣可以賺一些外快。

所有人都就覺得奇怪，按照老孫的工資，雖然不算很高，但養家糊口是足夠了，為什麼要這樣節省和拚命呢？對於這個問題，老孫說：「我負擔重，我家在農村，老婆沒有工作，兒子還在上初中，還要建樓房，所以我不能不省吃儉用啊。」

沒過多久，老孫說要採購建築材料準備建樓了。又過了幾個月，他說房子造好了，邀請同事們一起去他家做客。

73

同事們借了一輛車，就去了老孫的家，看到了老孫新建的樓房，很是氣派，裝修得也不錯，一共有三層，估計有250平方米左右，當時所有人心中都一陣羨慕，心想：什麼時候我要是也有這麼一棟樓就好了。

　　其中一個同事問老孫：「你家原來住在什麼地方啊？」

　　老孫指了指新樓後面的三間平房說：「就在那裡。」

　　「那你們一家三口住三間平房不也夠了嗎，幹嗎還要花那麼多錢造新樓啊？」

　　「你不知道啊，農村就是這個習慣，要是沒有樓房，兒子是找不到老婆的，這建樓房的錢有一部分還是借親戚朋友的呢。」他有點無可奈何地說。

　　同事說：「你兒子還這麼小，怎麼現在就要考慮娶老婆的事啊？」

　　「沒辦法啊，你看周邊的人家都建的是樓房，我也不能落後啊，兒子要是因為沒有房子而娶不到老婆，我怎麼向祖宗交代啊。我現在造好了房子，等他結婚的時候我的債也應該還清了，我一生的任務也算完成了。」看老孫說話的樣子，感覺他似乎很疲憊。

　　兩個月之後，老孫覺得自己渾身沒勁，去醫院一檢查，肝癌，而且已經是晚期了。有人問醫生這種病的發病原因是什麼，醫生說：「通常這種病的起因都是長期的勞累和心理憂鬱形成的。」

　　三個月後，老孫離開了這個世界，留給他妻子和兒子的是一幢漂亮的樓房和一大堆的債務。

　　幾年以後，他的兒子考上了重點大學，後來在外地的一家企業工作，收入不錯，並沒有回到農村的家去住，也

沒有娶一個老家的老婆。

老孫自己一輩子省吃儉用，甚至搭上了自己年輕的生命，最終造好了房子，但自己卻並沒有住進去，兒子更沒有靠這個房子娶上老婆。

如果總是憂慮「我自己今後怎麼辦」「我的子女今後怎麼辦」的話，那麼我們會生活得很累。憂慮是一把心靈的枷鎖，會鎖住我們的幸福和我們的快樂，很多事情我們無法預測，也無法控制，只有踏踏實實、快快樂樂地過好今天，才能夠使自己的一生過得精彩。

⋅⋅禪林清音⋅⋅

真正的佈施，就是把你的煩惱、憂慮之心通通放下。

8. 暴躁的將軍

有一位久戰沙場的將軍，因厭倦長年征戰，自認為看破紅塵，請求大慧宗杲禪師為其剃度出家。

禪師道：「你塵世之氣甚重，還不可出家。」

將軍道：「我心已靜。」

禪師笑笑說：「改日再說吧。」

將軍無法，只得離去。

他日，將軍一大早就到寺裡拜佛，禪師便問：「將軍為何這麼早就來拜佛呢？」

將軍道：「為除心頭火，起早禮師尊。」

禪師開玩笑地回道：「起得那麼早，不怕妻偷人？」

將軍一聽，怒罵道：「你這怪僧，出言傷人！」

大慧宗杲禪師哈哈大笑道：「輕輕一撥扇，性火又燃燒，如此暴躁氣，怎算心靜？」

將軍羞愧頓悟。

‥道破禪機‥

別動不動就生氣

將軍是一個脾氣暴躁的人，禪師稍微一「煽風點火」，他就控制不住自己的情緒了。一個不會憤怒的人，是庸人；一個只會憤怒的人，是蠢人；一個能夠控制自己情緒、做到儘量不發怒的人，才是聰明的人。聰明人的聰明之處，是善於利用理智，將情緒引入正確的表現管道，使自己按理智的原則，控制情緒，用理智駕御情感。做人就要做個聰明人，不要做像將軍一樣的「蠢人」。

有一個叫愛巴的人，每次他就要和人生氣的時候，就以很快的速度跑回家去，繞著自己的房子和田地跑三圈，然後坐在田邊喘氣。

愛巴工作非常勤奮努力，他的房子越來越大，土地也越來越廣。但不管房子和土地有多麼廣大，他只要與人爭執快生氣的時候，就會繞著房子和田地跑三圈。

愛巴為什麼每次快生氣的時候都要繞著房子和田地跑三圈呢？所有的人都想不明白，但不管人們怎麼問他，愛巴都不願意明說。

直到有一天，愛巴很老了，他的房子和田地也已經非常廣大了，他遇到了一件讓自己想生氣的事情，於是拄著

拐杖艱難地繞著土地和房子轉。等他好不容易走完三圈，太陽已經下了山，愛巴獨自坐在田邊喘氣。

他的孫子在旁邊肯求他：「阿公，您已經這麼大年紀了，這四周地區也沒有其他人的田地比您的更廣大，您不能再像從前繞著土地跑三圈了。還有，您可不可以告訴我，生氣之前要繞著房子和田地跑三圈的秘密？」

愛巴終於說出了隱藏在心裡多年的秘密。他說：「年輕的時候，我一想生氣，就繞著房子和田地跑三圈，邊跑邊想，自己房子這麼小，土地這麼少，哪有時間去和人生氣呢？一想到這裡氣就消了，把所有的時間都用來努力工作。」

孫子問道：「阿公，您年老了，又變成最富有的人，為什麼還要繞著房子和田地跑呢？」

愛巴笑著說：「我現在還是會有想生氣的時候，這時候我會繞著房子和田地跑三圈，邊跑邊想，自己房子這麼大，田地這麼多，又何必和人計較呢？一想到這裡，氣就消了。」

人這一輩子誰能保證都會事事順心如意，永遠不生氣呢？關鍵是我們如何對待它。在生活中，一定要讓自己豁達一些，一個人的快樂，不是因為他擁有的多，而是因為他計較的少。別動不動就生氣了，美好的生活應該是時時擁有一顆輕鬆自在的心！

‧禪林清音‧

生氣是一種無知，但許多人又奈何不了它，這是因為少「悟」，放不下得失之故。

9. 不要隨手把「心」丟了

　　有個小沙彌吃完山杏，準備把杏核丟掉，老方丈看到後叫住了他，說：「果核是樹木的心臟，不要隨手丟了，要把它播種在適宜的泥土裡，喚醒它再生的夢想。」

　　小沙彌聽了老方丈的話，覺得非常有道理，就把那個真有些像心臟的杏核深淺適宜地埋在了寺院的一個角落裡，並時常去為它澆水施肥。

　　一兩個月之後，那顆杏核真的發芽了，長出了一片片心形的葉子。小沙彌感到由衷的喜悅，就跑去告訴老方丈。

　　老方丈聽後，臉上也露出了笑容。他對小沙彌說：「樹木的種子可以輪迴，人生的種子也可以實現人的夢想。你知道什麼是人生的種子嗎？」

　　小沙彌思忖了片刻，小聲說：「我認為是人心。」

　　老方丈滿意地點點頭，語重心長地說：「人心就是生命的種子，把它播種在佛教裡，能生成一棵菩提樹；把它播種在藝術裡，能生成一叢風景林。可是，有不少人在挫折之後，隨手就把自己的心丟了，放棄了自己，再也不得重生……」

‥道破禪機‥

別在挫折之後放棄自我

　　正如老方丈所說的，心是生命的種子，給人希望，給

人幸福。當一個人遭受挫折之後，如果隨手把心丟了，自暴自棄，那麼，他將再也找不到快樂和成功；但如果他重新為自己的心靈找一塊合適的土壤，那麼，就有可能讓自己的人生再現新的生機！

1832年，林肯失業了，這顯然使他很傷心。但他下決心要當政治家，當州議員。糟糕的是，他競選失敗了。在一年裡遭受兩次打擊，這對他來說無疑是痛苦的。接著，林肯著手自己創辦企業，可是一年不到，這家企業又倒閉了。在以後的17年間，他不得不為償還企業倒閉時所欠的債務而到處奔波，歷盡磨難。

隨後，林肯再一次參加競選州議員，這次他成功了。他內心萌發了一絲希望，認為自己的生活有了轉機。

1835年，他訂婚了，但離結婚還差幾個月的時候，未婚妻不幸去世，這對他精神上的打擊實在太大了，他心力憔悴，數月臥床不起。1836年，他得了神經衰弱症。1838年，林肯覺得身體狀況良好，於是決定競選州議會議長，可他失敗了。1843年，他又參加競選美國國會議員，但這次仍然沒有成功。

1846年，他又一次參加競選國會議員，最後終於當選了。兩年任期很快過去了，他決定爭取連任，他認為自己作為國會議員表現是出色的，相信選民會繼續選舉他。但結果很遺憾，他落選了。

因為這次競選他賠了一大筆錢，林肯申請當本州的土地官員。但州政府把他的申請退了回來，上面指出：「做本州的土地官員要有卓越的才能和超常的智力，你的申請未能滿足這些要求。」然而林肯沒有服輸。1854年，他競

選參議員，但失敗了；兩年後，他競選美國副總統提名，結果被對手擊敗。又過了兩年，他再一次競選參議員，還是失敗了。

林肯嘗試了11次，可只成功了2次，但是他一直沒有放棄自己，每次失敗之後又重新站了起來。1860年，他當選為美國總統。

「此路艱辛而泥濘，我一隻腳滑了一下，另一隻腳也因而站不穩。但我緩口氣，告訴自己，這不過是滑一跤，並不是死去而爬不起來。」林肯在一次競選參議員落敗後如是說。

是的，在我們的人生旅途中，也許會多次遭遇失敗，但是千萬不要放棄自己，把自己的心隨手弄丟了，因為它是再次獲得成功和幸福的種子！

‧‧禪林清音‧‧

每一種創傷，都是一種成熟，要感謝給你逆境的眾生。

10. 在坎坷的路上行走

一座寺院中有一個小和尚，每天清晨，他要擔水、灑水、掃地。做過早課後，他還要去寺後很遠的市鎮上購買寺中一天所需的日常用品。晚上他還要誦讀經書到深夜。

有一天，他發現，雖然別的小和尚偶爾也會被分派下山購物，但他們去的都是山前的市鎮，路途平坦，距離也近。於是，小和尚就問方丈：「為什麼別人都比我自在

呢？沒有人強迫他們幹活讀經，而我卻要幹個不停呢？」方丈只是微笑不語。

第二天中午，當小和尚扛著一袋小米從後山走來時，方丈把他帶到寺的前門。日已偏西，前面山路上出現了幾個小和尚的身影，方丈問那幾個小和尚：「我一大早讓你們去買鹽，路這麼近，又這麼平坦，你們怎麼回來得這麼晚呢？」

幾個小和尚說：「方丈，我們說說笑笑，看看風景，就到這個時候了。十年了，每天都是這樣的啊！」

方丈又問身旁侍立的小和尚：「寺後的市鎮那麼遠，你又扛了那麼重的東西，為什麼回來得還要早些呢？」

小和尚說：「我每天在路上都想著早去早回，由於肩上的東西重，我才一心想著趕路，所以反而走得穩，走得快。十年了，我已養成了習慣，心裡只有目標，沒有道路了！」

方丈聞言大笑，說：「道路平坦了，心反而不在目標上了。只有在坎坷的路上行走，才能磨練一個人的心志啊！」小和尚終於有所領悟。

·∴道破禪機∴·

逆境磨練意志

正如方丈所言，坎坷的道路可以磨練一個人的心志。所以，我們不要抱怨，不要放棄，不要被逆境的絆腳石絆倒後就再也爬不起來，要學會化不利為有利，把絆腳石變成開拓人生的墊腳石。

在美國的一座山丘上，有一間不含任何化學物質、完全以自然物質搭建而成的全封閉房子，裡面的人需要由人工灌注氧氣才能生存。

住在這間房子裡的主人叫辛蒂。1985年，辛蒂在醫科大學念書，有一次到山上散步，帶回一些蚜蟲。她拿起殺蟲劑為蚜蟲去除化學污染，卻感覺到一陣痙攣，她原以為那只是暫時的症狀，誰料到自己的後半生就毀於一旦。殺蟲劑內含的化學物質使辛蒂的免疫系統遭到破壞。她對香水、洗髮水及日常生活接觸的化學物質一律過敏，連空氣也可能使她支氣管發炎。這種「多重化學物質過敏症」是一種慢性病，目前尚無藥可醫。

患病頭幾年，辛蒂睡覺時口水流淌，尿液變成了綠色，汗水與其他排泄物還會刺激背部，形成疤痕。她不能睡經過處理的墊子，否則會引發心悸。辛蒂所承受的痛苦是令人難以想像的。

1989年，她的丈夫吉姆用鋼與玻璃為她蓋了一個全封閉的房子，一個足以讓她逃避所有威脅的世外桃源。辛蒂所有吃的、喝的都經過選擇與處理。她平時只能喝蒸餾水，食物中不能含有任何化學成分。

8年來，35歲的辛蒂沒有見到一棵花草，聽不見悠揚的音樂，感覺不到陽光、流水。她躲在無任何飾物的小屋裡，飽嘗孤獨之餘，還不能放聲大哭。因為她的眼淚跟汗一樣，可能成為威脅自己的毒素。

而辛蒂並沒有被逆境打倒，她不僅為自己，也為所有被化學污染的犧牲者爭取權益而奮戰。

1986年，辛蒂創立了「環境接觸研究網」，致力於此

類病變的研究。1994年她又與另一組織合作，創立「化學傷害資訊網」，保證人們免受威脅。目前這一「資訊網」已有5000多名來自32個國家的會員，還得到美國上院、歐盟及聯合國的支持。

辛蒂面對自己的不幸，她說：「在這寂靜的世界裡，我感到很充實。我不流淚，對逆境，我選擇用意志微笑著戰勝它！」

有一個偉人說過：「逆境，是傾覆弱者生活之舟的波濤；它又是錘鍊強者鋼鐵意志的熔爐。」天將降大任與斯人也，必先苦其心志，勞其筋骨，餓其體膚。把逆境看成是一種財富吧，經過逆境的歷練，你將脫胎換骨，重新迎來人生的輝煌！

┌┤·禪林清音·├┐

逆境是一種「增上緣」，碰到逆境來，應心生感激。

11. 毛毛蟲過河

一次早課，方丈出了道題給小和尚們：「對岸鮮花盛開，四季如春，恍如仙境，毛毛蟲要去對岸生活，可是一條大河阻擋了去路，橋又在很遠的地方，那麼毛毛蟲怎樣才能渡過大河呢？」

小和尚們思考了一會兒，答案千奇百怪：

「游過去嘍！」

「搭船過去！」

「躲在別人身上過去!」

……

只有一個小和尚,他思考之後很肯定地說:「變成蝴蝶飛過去!」

方丈聽了這個答案,贊許地點點頭,說:「你們說的方法都可以,只要能到彼岸就行。可是最有智慧的答案是:變成蝴蝶飛過去。」

小和尚從此成了方丈的關門弟子。

∷道破禪機∷

經歷風雨才能見彩虹

毛毛蟲經過磨難,多次地蛻皮、長大,然後成蛹,最後破繭成蝶,飛向開滿鮮花的彼岸,這才是真正智慧的答案!不經歷風雨,怎能見彩虹。我們人生裡會遇到很多擋路的「大河」,只有不斷地經歷苦難,克服苦難,破繭成蝶,才能見到最美麗的「彩虹」。

深山裡有兩塊石頭,第一塊石頭對第二塊石頭說:「去經一經路途的艱險坎坷和世事的磕磕碰碰吧,能夠搏一搏,不枉來此世一遭。」

「不,何苦呢,」第二塊石頭嗤之以鼻,「安坐高處,一覽眾山小,周圍花團錦簇,誰會那麼愚蠢地在享樂和磨難之間選擇後者?再說那路途的艱險磨難會讓我粉身碎骨的!」

於是,第一塊石頭隨山溪滾落而下,歷盡了風雨和大自然的磨難,它依然義無反顧執著地在自己的路途上奔

波。第二塊石頭譏笑著，它在高山上享受著安逸和幸福，享受著周圍花草簇擁的暢快，享受著那些美好的景觀。

許多年以後，飽經風霜歷盡千錘百煉的第一塊石頭已經成了世間的珍品、石藝的奇葩，被千萬人讚美稱頌。第二塊石頭知道後，有些後悔，可是一想到要經歷那麼多的坎坷和磨難，還有粉身碎骨的危險，便又退縮了。

一天，人們為了更好地珍存那石藝的奇葩，準備為它修建一座精美別緻、氣勢雄偉的展覽館，建造材料全部用石頭。於是，他們來到高山上，把第二塊石頭打碎，為第一塊石頭蓋起了房子。

不願意經歷苦難的第二塊石頭，還是沒有逃脫「粉身碎骨」的命運！妄想安逸地享受生活是錯誤的，沒有人會平白無故地獲得美好的生活，只有經歷一些磨難，才會有所建樹。

·禪林清音·

歷盡磨難，方可成就大事。

12. 暴躁的信徒

盤圭禪師說法不僅淺顯易懂，而且他在結束之前，常讓信徒提問題，並當場解說，因此，不遠千里慕名而來的信徒很多。

有一天，一位信徒對盤圭禪師說：「我天生暴躁，不知如何才能改正？」

盤圭說：「是怎麼一個『天生』法？你把它拿出來給

我看，我幫你改掉。」

信徒回答說：「不！現在沒有，一碰到事情，那『天生』的性急暴躁，才會跑出來。」

盤圭禪師說：「如果現在沒有，只是在某種偶然的情況下才會出現，那麼就是你和別人爭執時，自己造就出來的，現在你卻把它說成是天生，將過錯推給父母，實在是太不公平了。」

信徒經此開示，立即醒悟，再也不輕易地發脾氣了。

∴道破禪機∴

不要用「天生」做藉口

許多人在遭遇失敗的時候，會用「天生」做藉口，比如「我天生沒有這方面的天賦」「我天生不適合做這個」，等等。人在骨子裡會有一些與生俱來的東西，但這不應該成為失敗的藉口。

科學家霍金小時候的學習能力似乎並不強，他很晚才學會閱讀，上學後在班級裡的成績從來沒有進過前10名，而且因為作業總是「很不整潔」，老師們覺得他已經「無可救藥」了，同學們也把他當成了嘲弄的對象。

霍金12歲時，他班上有兩個男孩子用一袋糖果打賭，說他永遠不能成材，同學們還帶有諷刺意味地給他起了個外號叫「愛因斯坦」。

霍金很傷心，他對媽媽說：「我天生不是學習的料！」

媽媽立刻反駁道：「胡說！沒有『天生』這回事！我

覺得你只是還沒發現自己的長處！」

霍金深信媽媽的話，隨著年齡增長，小霍金對萬事萬物如何運行開始感興趣，他經常把東西拆散以追根究底，但當他把它們恢復組裝回去時，卻束手無策。不過，他的父母並沒有因此而責罰他。在十三四歲時，霍金發現自己對物理學非常有興趣。從此，霍金開始了真正的科學探索。20多年後，當年毫不出眾的小男孩真的成了物理界一位大師級人物。

所以，不要把自己的失敗隨意歸咎於「天賦」，與生俱來的東西絕對不足以決定一個人的成敗，這只是一個藉口！

··禪林清音··

任何人只要用心、專心，就能改變許多看似無法改變事情。

13. 放棄做人的泥像

一座泥像立在路邊，風吹裂了它的皮膚，雨又不停地讓他「減肥」，小孩子路過的時候又總是踢它幾腳，它苦不堪言。它多麼想找個地方避避風雨，然而它無法動彈，也無法呼喊。它十分羨慕人類，覺得做一個活生生的人真好，可以無憂無慮、自由自在地到處閒遊。

一天，一個長髯老者路過此地，泥像知道他道行高深，於是它向老者發出呼救。

「老人家，請把我變成人吧！」泥像說。

老者看了看泥像，笑了笑，手臂一揮，泥像真的變成了一個活生生的青年。「你想變成人可以，但是你必須先跟我試走一下人生之路，假如你承受不了人生的痛苦，我馬上可以把你還原。」老者嚴肅地說。

於是，青年跟隨老者來到懸崖邊。

只見兩座懸崖遙遙相對，此崖為「生」，彼崖為「死」，中間有一條長長的鐵索橋。這座鐵索橋是由一個個大小不一的鐵環串聯而成的。

「現在，請你從此岸走向彼岸吧！」老者長袖一拂，已將青年推上了鐵索橋。

青年戰戰兢兢，踩著一個個大小不同的鐵環的邊緣前行。然而，一不小心，他一下子跌進了一個鐵環之中，頓時兩腿失去了支撐，胸口被鐵環卡得緊緊的，幾乎透不過氣來。

「啊！救命啊！我要掉下去了，鐵環快把我的肋骨弄斷了。」青年大聲向老者求救。

「請君自救吧。在這條路上，能夠救你的，只有你自己。」長髯老者在前方微笑著說。

青年扭動身軀，拼命掙扎，好不容易才從痛苦之環中解脫出來。「這是個什麼鐵環，為何卡得我如此痛苦？」青年憤然道。

「我是名利之環。」腳下的鐵環答道。

青年繼續朝前走。忽然，隱約間，一個絕色美女朝青年嫣然一笑，青年飄然走神，腳下一滑，又跌入一個環中，被鐵環死死卡住。

「救命……救命呀！好痛呀！」青年驚恐地再次呼

救。

可是四周一片寂靜，沒人回答他，更沒人來救他。

這時，長鬚老者再次在前方出現，他微笑著緩緩道：「在這條路上，沒有人可以救你，只有你自己自救。」

青年拼盡全力，總算從這個鐵環中掙扎了出來；然而他已累得精疲力竭，便坐在兩個鐵環間小憩。

「剛才這是個什麼痛苦之環呢？」青年想。「我是美色之環。」腳下的鐵環答道。

經過一陣輕鬆的休息後，青年頓覺神清氣爽，心中充滿幸福愉快的感覺，他為自己終於從鐵環中掙扎出來而慶倖。

青年繼續向前趕路。然而令他料想不到的是，他接著又掉進了貪慾的鐵環、忌妒的鐵環、仇恨的鐵環……待他從這一個個痛苦之環中掙扎出來，青年已經沒有力氣再走下去了。他抬頭望望，前面還有漫長的一段路，他再也沒有勇氣走下去了。

「老人家！老人家！我不想再走人生之路了，你還是帶我回到原來的地方吧。」青年呼喚著。

長鬚老者出現了，他手臂一揮，青年便又回到了路邊。

「人生雖然有許多的痛苦，但也有戰勝痛苦之後的歡樂和輕鬆，你難道真願放棄人生嗎？」長鬚老者問道。

「人生之路痛苦太多，歡樂和愉快太短暫，太少了，我決定放棄人生，還是去做我的泥像吧！」青年毫不猶豫。

長鬚老者長袖一揮，青年又還原為一尊泥像。

‧‧道破禪機‧‧

面對磨難，要自己拯救自己

佛家說道：「人，生來就是受苦的。」在人生的路上，我們會面對貪慾、忌妒、仇恨、名利等等的磨難，想要克服這些磨難，繼續往前行走，必須要自己拯救自己。

一天，有個農夫的一頭驢子，不小心掉進一口枯井裡，農夫絞盡腦汁想辦法要救出驢子，但幾個小時過去了，驢子還在井裡痛苦地哀號著。

最後，農夫決定放棄了，他想這頭驢子年紀大了，不值得大費力氣把它救出來，不過無論如何，這口井還得填起來。於是農夫請來左鄰右舍幫忙，準備將井中的驢子埋了，以免除它的痛苦。

農夫的鄰居們人手一把鏟子，開始將泥土鏟進枯井中。當這頭驢子瞭解到自己的處境時，開始哭得很淒慘。但出人意料的是，一會兒之後，這頭驢子就安靜下來了。

農夫好奇地探頭往井底一看，眼前的景象令他大吃一驚：當鏟進井裡的泥土落在驢子的背部時，驢子的反應令人稱奇——它將泥土抖落在一旁，然後站到鏟進的泥土堆上面！

就這樣，驢子將大家鏟倒在它身上的泥土全數抖落在井底，然後再站上去。很快地，這隻驢子便得意地上升到井口，然後在眾人驚訝的表情中快步地跑開了！

在生命的旅程中，我們有時候難免會陷入「枯井」裡，這時候，沒有人能夠幫助你——別人想幫也幫不上，

只有靠你自己才能拯救自己。

·禪林清音·

自己的煩惱只有靠自己去解脫。

14. 幸運地活著

有一個青年人非常不幸。

他在10歲時，母親因病去世，他不得不學會洗衣做飯，照顧自己，因為他的父親是位長途汽車司機，很少在家。

7年後，他的父親又死於車禍，他必須學會謀生，養活自己，他再沒有人可以依靠。

20歲時，他在一次工程事故中失去了左腿，他不得不學會應付隨之而來的不便，他學會了用拐杖行走，倔強的他從不輕易請求別人幫助。

最後他拿出所有的積蓄辦了一個養魚場。然而，一場突如其來的洪水，將他的勞動和希望毫不留情地一掃而光。

他終於忍無可忍了，憤怒地責問佛陀：「你為什麼對我這樣不公平？」

佛陀反問他：「你為什麼說我對你不公平？」

他把他的不幸講給佛陀聽。

「噢！是這樣，的確有些淒慘，可為什麼你還要活下去呢？」

年輕人被激怒了：「我不會死的，我經歷了這麼多不

幸的事，沒有什麼能讓我感到害怕。終有一天我會創造出幸福的！」

佛陀笑了，他指著一個剛剛死去的人說：「那個人生前比你幸運得多，他幾乎是一帆風順走到生命的終點，只是最後一次和你一樣，在同一場洪水中失去了他所有的財富。不同的是他自殺了，而你卻堅強地活著，親愛的孩子，這就是你的幸運……」

：道破禪機：

學會堅強

幸與不幸本就一線之隔，如果你足夠堅強地活著，那麼就會有希望，有希望就會創造出屬於自己的幸福人生！

英國勞埃德保險公司曾從拍賣市場買下一艘船，這艘船1894年下水，在大西洋上曾138次遭遇冰山，116次觸礁，13次起火，207次被風暴扭斷桅杆，然而它從沒有沉沒過。

勞埃德保險公司基於它不可思議的經歷，決定把它從荷蘭買回來捐給國家。現在這艘船就停泊在英國薩倫港的國家船舶博物館裡。

不過，使這艘船名揚天下的卻是一名來此觀光的律師。當時，他剛打輸了一場官司，委託人也於不久前自殺了。儘管這不是他第一次辯護失敗，也不是他遇到的第一例自殺事件，然而，每當遇到這樣的事情，他總有一種負罪感。他不知該怎樣安慰這些在生意場上遭受了不幸的人。

　　當他在薩倫船舶博物館看到這艘船時，忽然有了一種想法，為什麼不讓他們來參觀參觀這艘船呢？於是，他就把這艘船的歷史抄下來和這艘船的照片一起掛在他的律師事務所裡，每當商界的委託人請他辯護，無論輸贏，他都建議他們去看看這艘船。

　　因為它使我們知道：在大海上航行的船沒有不帶傷的。

　　是的，只要船在大海上航行，就會有傷痕。人也一樣，只要活著就會遭受挫折，有誰的生命旅程是一帆風順的？但是，就算屢遭挫折，我們依然要堅強地、百折不撓地挺住，能夠挺住的人一定是幸運的人，因為他戰勝了命運，戰勝了自己。

禪林清音

　　活著的人生是幸福的，不要因挫折而被它累倒，不要因困難而被它壓垮。

15. 和尚談色

　　有一次，洞山禪師與雲居禪師閒聊，突然洞山禪師問雲居禪師道：「你愛色嗎？」

　　雲居正在用竹籮篩豌豆，聽到洞山這樣一問，嚇了一跳，竹籮裡的豆子也灑了出來，滾到了洞山的腳下。洞山笑著彎下腰，把豆子一粒一粒地撿了起來。

　　雲居禪師腦中依然回想著洞山禪師剛才問過的話，但他不知道該怎麼回答，這個問題他實在是沒有辦法回答。

「色」，包含的範圍太大了！女色、顏色、臉色……

你穿衣服不得挑顏色嗎？你吃佳餚喝美酒不得看重菜色、酒色嗎？你選房捨不得注意牆色嗎？你會按照別人的臉色行事嗎？你戀慕嫵媚豔麗的女色嗎？

雲居禪師放下竹籮，心中還在翻騰。他想了很久才回答道：「不愛！」

洞山一直在旁邊看著雲居受驚、閃躲、逃避，他惋惜地說：「你回答這個問題之前想好了嗎？等你真正面對考驗的時候，是否能夠從容面對呢？」

雲居大聲說道：「當然能！」他向洞山禪師臉上看去，希望能得到他的回答。可是洞山只是笑，沒有任何的回答。

雲居禪師感到很奇怪，反問道：「那我問你一個問題行嗎？」

洞山說：「你問吧！」

雲居問：「你愛女色嗎？當你面對誘惑的時候，你能從容應付嗎？」

洞山哈哈大笑地說：「我早就想到你要這樣問了！我看她們只不過是美麗的外表掩飾下的臭皮囊而已！」

道破禪機

坦然面對誘惑

兩個和尚討論的「色」，也可以用一個詞——「誘惑」來概括。誘惑往往都披著美麗的外衣，就如糖衣炮彈一樣誘人又可怕，總有些人即使明知前面就是裹著糖衣的

炮彈，他仍然抱著僥倖心理，將那層糖衣舔舐掉，結果他會失去許多許多。

保羅·蓋蒂曾經是一個有幾十年菸齡的老菸民，但是在一次出差回來之後，妻子和家人再沒有發現他抽過一支菸。事實上，從那次出差之後，保羅·蓋蒂的雙手就再也沒拿過香菸。每當有人在保羅·蓋蒂面前說根本戒不了菸的時候，保羅·蓋蒂都會說：「你就這樣情願被誘惑打敗嗎？」

保羅·蓋蒂清楚地記得，那次出差時，自己戒菸的決心就是被這個問題引起的。事實證明，在這場與誘惑的較量中，他是勝利的一方。

當年保羅·蓋蒂是一個不折不扣的大菸鬼，幾乎每天都要吸至少兩包菸，儘管當時夫人曾經多次勸過他戒菸，但是他從來就沒有考慮過。一次，他出差到一個地方時，當地正降大雨，所以他急忙趕到旅館匆匆地住了下來。半夜時分，他忽然被一聲驚雷從睡夢中驚醒，此時他想抽一支菸，於是去拿床頭邊的菸盒，可是菸盒卻空空如也。他只好再看看其他地方有沒有了，他下床到衣服的口袋裡找，仍然一無所獲。他又打開隨身攜帶的手提箱，結果還是一支菸也沒有找到。

在這個時候，旅館裡的服務人員都休息了，要想弄到菸，他只有走出旅館，去大街上可能還營業的商店裡碰運氣。這樣想著，保羅·蓋蒂換上了出門的衣服，然後從手提箱中找出雨衣。

雨衣很快穿好了，他伸手去開門，就在伸出手的那一刻，他的手突然停在了那裡一動也不動。

「我究竟要幹什麼？我難道要冒著大雨三更半夜在大街上走來走去尋找一個賣香菸的商店嗎？難道僅僅一支香菸這樣的小小誘惑就可以這樣隨意地控制我嗎？」然後他又問自己：「你就這樣情願被誘惑打敗嗎？」「不，我絕不會被打敗！」他這樣回答自己。

想著想著，保羅・蓋蒂收回了開門的手，然後脫下雨衣和出門穿的衣服，換上睡衣，把床頭的那只空菸盒扔到了垃圾筒，然後回到床上舒舒服服地睡了。在睡夢中，他有一種擺脫控制的輕鬆感覺，甚至還有一種打敗什麼的感覺。清早起來之後，保羅・蓋蒂知道，自己已經戰勝了一次香菸的誘惑，這真是一個頗有紀念意義的勝利。

吸菸是香菸對菸民的一種誘惑，一次兩次沒有什麼傷害，但是長年累月下去，對人體的傷害是不可忽視的。有許許多多的人抵制不了香菸的誘惑，一次次妥協，所以每年因為吸菸，就有很多人生病，甚至喪命。香菸只是小小的一個方面，在茫茫人世間，滾滾紅塵中，人們不可避免地面對著形形色色的誘惑，名譽、地位、金錢、美色、錦衣、佳餚，不一而足。而且隨著社會物質財富的不斷增長，文明程度的日漸提高，誘惑將越來越多，誘惑力將越來越大，其影響將滲透到人們生存的全過程。這時候，就需要人們坦然面對，提高警惕，加強自己對誘惑的免疫力，這種能力同時也是一種修練，一種境界。

·禪林清音·.

佛家講「空」，凡人卻拘泥於「實」。

16. 長壽之道

　　樂天法師一百多歲的時候，身體還特別健康，耳不聾，眼不花，牙齒也完好無損，總是紅光滿面，一副樂呵呵的樣子，給人一種氣定神閑的感覺。

　　有一位生命學專家想從法師那裡得到長壽秘訣，就專門去拜訪樂天法師。

　　第一次拜訪時，樂天法師說：「沒有什麼秘訣啊，連我也沒弄明白，我為何如此長壽。」

　　幾年過後，生命學專家不甘心，再次拜訪樂天法師。

　　第二次拜訪時，樂天法師說：「我知道為什麼了，但是，天機不可洩露。」

　　又是幾年過去了，樂天法師的身體依然強健，一點也看不出老態。

　　生命學專家再次來拜訪，他對樂天法師說，他對生命的探討，不是為了個人，而是為了全人類。

　　這次，老法師終於說出了他的長壽之道：「我從60來歲就盼著圓寂，視圓寂為佛家的最高境界、最大快樂，不像其他人，想起即將死去就開始悲哀、痛苦。所以，一種美好的心情，也許就是你要探尋的長壽的秘訣吧！」

∴道破禪機∴

永遠保持一份美好的心情

　　馬克斯說過：「一種美好的心情，比十副良藥更能解

97

除生理上的疲憊和痛苦。」一份美好的心情會讓人恬淡地面對任何事情，卸下心靈和生命的重負，一直生活在和無所畏懼的輕鬆愉快之中，這樣的人豈能不長壽？

一個名叫維克多‧弗蘭克的博士曾經在納粹集中營關押了很多日子，飽受了納粹分子的凌辱。弗蘭克曾經絕望過，這裡只有屠殺和血腥，沒有人性，沒有尊嚴，那些持槍的人都是野獸，可以不眨眼地屠殺一位母親、兒童或者老人。

他時刻生活在恐懼中，這種對死的恐懼讓他感到一種巨大的精神壓力，集中營裡每天都有因此而發瘋的人。弗蘭克知道，如果不控制好自己的情緒，他也難以逃脫精神失常的厄運。

有一次，弗蘭克隨著長長的隊伍到集中營的工地上勞動。一路上，他產生一種幻覺：晚上還能不能回來？能否吃上晚餐？鞋帶斷了能不能找到一根新的？這些幻覺讓他感到厭倦和不安。

於是，他強迫自己不再想那些倒楣的事，而是刻意幻想自己正走在前去演講的路上，來到一間寬敞明亮的教室中，精神飽滿地發表演講。

他的臉上慢慢浮現出了笑容。

弗蘭克發現，這是久違的笑容，許多年了，它一直沒有出現過。當知道自己也會笑的時候，弗蘭克感到，他不會死在集中營裡，他會活著走出這個魔窟般的地方。

多年後，弗蘭克從集中營中被解放出來時，顯得精神很好。這讓他的朋友非常驚訝，一個人在魔窟裡還能保持如此年輕。

　　這就是擁有一份美好心情的魔力！有時候，一份美好的心情可以擊敗許多厄運，因為，對於人的生命而言，要存活，只要一簞食、一缽水足矣，但要活得恬淡自然，打不倒，壓不垮，就需要一份美好的心情來調適了。因此，從某種意義上說，人不是活在物質裡，而是活在自己的精神裡，給自己一份美好的心情吧，讓自己經常處在愉悅、快樂、豁達、大度的情緒裡，你會發現生命如此精彩！

‥禪林清音‥

　　清空掉一切負面情緒，你會發現世界是如此美好。

17. 生死隨緣

　　唐代高僧保福禪師預感到自己將要辭世，就對弟子們說：「近來我氣力不濟，我的世緣時限大概快要到了。」

　　弟子們聽後，心中不捨，紛紛發表意見。

　　有的人安慰說：「師父的法體仍很健康，離了斷世緣還早得很呢！」

　　有的人戀戀不捨地說：「弟子們仍需師父指導，師父怎麼能拋棄我們呢？」

　　有的人鼓勵說：「師父要常住世間為眾生說法，不能這麼快就離開啊！」

　　獨有一位弟子問：「時限到時，師父是去好，還是留好呢？」

　　保福禪師以安詳、親切的語氣反問：「你說怎樣才好

呢？」

弟子答道：「生也好，死也好，一切隨緣，任它去好了。」

保福禪師哈哈一笑，說道：「我心裡要講的話，不知什麼時候被你偷聽去了。」說完，就圓寂了。

╔═ ‧道破禪機‧ ═╗

積極樂觀地面對死亡

死，是每個人必走的一條路。有的人覺得死是痛苦，有的人覺得死是災難，有的人覺得死是自然，有的人覺得死是解脫……同樣是死，它帶給人的感受是不一樣的。知道自己即將死去，如果能夠積極樂觀地面對死亡，過好餘下生命的每一分鐘，是一種真正的智慧。

日本「經營之神」松下幸之助，從小體弱多病，20歲時罹患肺病，涉臨死亡；40歲以前，有一半的時間，都躺在病床上，算命先生說他只能活到38歲，親友們預料他活不過50歲；可是，他卻活到了94歲。

松下幸之助雖然體弱多病，卻能長壽，主要原因在於他能積極樂觀地面對「體弱多病，即將死亡」的事實，更留意身體的保養與健康，依身體的狀態，順其自然地生活。

有一次，松下幸之助的一位部屬中川，因心臟、腎臟、肝臟、糖尿病諸病併發而住院，醫生警告他，若不好好治療，恐怕有生命危險。中川因此顯得非常的沮喪與消極。

　　松下幸之助就告訴中川：「你住院之後，醫生一定給你很多建議，是嗎？其實一個人生病，最好的醫生就是他自己，醫生只不過在旁提供建議罷了！對於死亡，你愈怕它，它愈接近你；你愈喜歡它，它反而離你遠遠的。」

　　1913年，松下幸之助罹患當時被認定的絕症——肺結核病。他的應對之道是：反正都得死，與其傻傻地等死，還不如趁著沒死之前，多做一點有意義的事情。他想通之後，就坦然地面對死亡，每天照常工作。

　　奇怪的是，他的肺病並沒有因此而惡化，不久反而逐漸康復了。松下幸之助後來說：「不必對死亡太過悲傷，因為其中含有重生的意義。」

　　松下幸之助面對疾病與死亡的態度，值得所有人深思。每個人在面對死亡的時候，心情一定是沉重的，區別在於，有的人在沉重過後，會非常積極樂觀地去面對，過好剩下的每一分鐘；而有的人則沉湎於悲哀之中，生不如死。你會選擇哪種態度面對死亡嗎？其實死亡是一件再自然不過的事情了，不妨用順其自然、積極樂觀的心態來面對，這是所有智慧的人會做的選擇。

禪林清音

　　人活著與死亡只是肉體的異化，死亡的實質是新生。

第三篇　見微知著　謹言慎行

1. 兩碗麵條

從前，有一位很有修養的居士，他到一所有名的禪院去拜訪一位禪師。與禪師見面之後他們談話非常投機，不知不覺已到了午飯時間，禪師便留居士用餐。

侍者為他們做了兩碗麵條，麵條味道很香，只不過是一碗大，一碗小。兩人坐下，居士看了一下麵條，便將大碗推到禪師面前，說：「你吃這個大碗的。」

本來按常理禪師要謙讓一下，將大碗再推回到居士面前，表示恭敬。沒想到禪師卻看也不看居士一眼，逕自低頭大吃起來。居士見狀，雙眉緊鎖，有些不悅。禪師並未察覺，一個人吃得津津有味。

等他吃完，抬頭卻見居士的碗筷絲毫未動，於是笑問：「施主為何不吃？」

居士歎了一口氣，一言不發。

禪師又笑著說：「施主生我的氣啦？嫌我不懂禮儀，只顧自己狼吞虎嚥？」

居士沒有答話，只是又歎了一口氣。

禪師接著問道：「請問施主，我們如此推來讓去，目的是什麼？」

「讓對方吃大碗。」居士終於答話了。

「這就對了，讓對方吃大碗是最終目的。那麼如您所想，我們推來讓去，何時將麵條吃下肚去？我將大碗麵條吃了下去，您心中不悅，難道您謙讓的目的不是真心？你吃是吃，我吃也是吃，如此虛情假意地推來讓去又有什麼意義呢？」

居士聽完禪師的一番話，心中頓悟。

·· 道破禪機 ··

摒棄虛情假意的做作行為

人際關係中有許多禮儀，你推我讓，不可否認它是一種客套處世的哲學，但也是一種虛情假意的做作行為，大多數時候，做事還是發自真心為好。

兒子是獨生子，小學四年級學生，平時在家中是個十足的「小皇帝」，其特點是嗜蛋——特別喜歡吃荷包蛋。

一日早晨，母親做了兩碗荷包蛋麵條，一碗上面放了一個雞蛋，一碗上面沒有。麵條端上了桌，母親問兒子：「你吃哪一碗？」

「有蛋的那碗！」兒子指著有蛋的那碗麵說道。

「讓我吃那碗有蛋的吧！孔融四歲能讓梨，你也十歲啦，該讓蛋了吧！」母親說。

「孔融是孔融，我就是不讓！」兒子態度堅決。

「真不讓？」兒子竟然先下手為強，一口就把蛋給吞了一半。

這是一個很聰明的母親，第二天她繼續做了兩碗麵，

還是一碗有蛋，一碗沒蛋。孩子自然繼續吃著有蛋的麵條，母親默默地吃著沒蛋的麵條，可是就在吃到一半的時候，母親突然驚呼道：「呀，我的麵裡怎麼藏著『兩個』荷包蛋！」不顧兒子羨慕的眼神，母親大口地把荷包蛋吞進了肚子。

第三天，還是一碗麵條有蛋，一碗麵條沒蛋，這下孩子非常爽快地說：「媽媽，今天我就學孔融讓一回梨，給你吃有蛋的那碗吧！」母親不說話，吃起了有蛋的那碗。

兒子也滿懷希望地吃著沒蛋的那碗，期盼著能吃到兩個荷包蛋，然而吃到最後，兒子的碗裡始終沒出現荷包蛋的「倩影」……

第四天，端上桌的還是那兩碗麵條，兒子思考了一會兒，說：「媽媽，您是大人，您吃有蛋的那碗！」

「是心甘情願讓我先吃的嗎？就算自己吃不到荷包蛋？」母親問道。

「是的，吃不吃得到都沒關係。」兒子真誠地說道。

母親毫不客氣地端起上邊臥著一個荷包蛋的那碗麵條開始吃起來，兒子隨後端起上邊沒有蛋的那碗麵條。吃著吃著，兒子發現自己碗裡也臥著一個荷包蛋。

母親說：「心甘情願讓『梨』的人，生活也不會讓他吃虧的！」

生活中的虛情假意還是讓它們少一點吧，無論是謙讓、善行，還是其他的行為，出自真心才是最為可貴的。

・・禪林清音・・

守本真心，體達自在。

2. 「不倒單」的和尚

一位僧人自從住進禪堂，就效仿禪宗四祖道信，夜不展單，肋不沾席，俗稱「不倒單」──不睡覺。他十年之中，晝夜坐禪，心無雜念。然而，眼看著同門師兄弟一個個都有所收穫，而他卻毫無長進。

有一天，他實在想不明白，就去請示住持：「師父，弟子自從投到您的門下，打坐修行不倒單，沒有一刻嬉戲荒廢。可以說，在您的弟子中，沒有一個比我更用功的了，可是，為何只有我一直不能開悟呢？」

住持給了他一個葫蘆和一把粗鹽粒，說：「你知道，水能溶化食鹽。現在，你把葫蘆裡灌滿水，再將鹽粒裝進去。你若是能讓葫蘆裡的鹽立刻溶化，你就開悟了。」

弟子將信將疑，但仍然按照師父的囑咐去做了。不一會兒，他手裡提著沉甸甸的葫蘆跑回了住持那裡，急切地對師父說：

「師父，鹽粒裝進去之後，並不能立刻自行溶化。而葫蘆的口太小，棍子又伸不進去，無法攪動。所以，葫蘆裡的鹽到現在還沒化完，看來，我是無法開悟了。」

住持接過葫蘆，將裡面的水倒出了一部分，僅僅搖晃了幾下，所有的鹽粒馬上溶化了。他這才對弟子說：「一日六時（古印度計時方法，一晝夜分為六個時段）不間斷用功，不為心靈留下一些空閒，就如同灌滿水的葫蘆，攪動不得，搖晃不動，如何能溶解其中的鹽粒呢？又如何能開悟呢？」

弟子不解：「難道，不用功就能開悟嗎？」

「修行也要張弛有度，學習了一段時間，要休息一下，給心靈留出空閒，才能更好地去悟所讀的東西啊！」弟子豁然開悟了。

·道破禪機·

做事要張弛有度，勞逸結合

和尚之所以不開悟，是因為他時時刻刻都在學習，不給自己休息的時間，結果就像裝滿了水的葫蘆，不能立刻融化鹽巴一樣，無法讓自己的心靈真正去悟懂所讀的知識。做人做事其實也是一樣的道理，需要張弛有度，勞逸結合，這樣才能事半功倍。

有一個探險家，到南美的叢林中找尋古印加帝國文明的遺跡。他雇用了當地人作為嚮導及挑夫，一行人浩浩蕩蕩地朝著叢林的深處走去。

探險家雖然年事已高，體力跟不上，但希望能夠早一點到達目的地，好好地來研究古印加帝國文明的奧秘，所以除了必要的吃飯、睡覺時間，一刻也不停下休息。

他們「急行軍」三天，到了第四天的時候，探險家一早醒來，便立即催促挑夫打點行李，準備上路。不料嚮導及挑夫卻拒絕行動，探險家為之惱怒不已。

經過溝通，探險家終於瞭解，當地人自古以來便有一個習俗，在趕路時，皆會竭盡所能地拼命向前衝，但每走上三天，便需要休息一天。

探險家對於這個習俗好奇不已，詢問嚮導，為什麼當

地會留下這麼耐人尋味的休息方式。

嚮導很莊嚴地回答道：「那是為了讓我們的靈魂能夠追得上我們趕了三天路的疲憊身體。」

探險家聽了嚮導的解釋，心中若有所悟，沉思了許久，終於展顏微笑。他認為，這是此次探險最好的收穫。

凡事應該全力以赴，充滿激情，但應該注意勞逸結合，讓疲憊的身心獲得休息，只有這樣，才能達到最終的目標。

·禪林清音·

欲速則不達。

3.　神醫的秘密

清朝初年，常州城裡出了一位魏神醫，不管什麼疑難雜症，他都能藥到病除，就算是閻王爺看上了的危重病人，他往往也能妙手回春。莫非，他有包治百病的靈丹妙藥？他卻說：「這個世界上哪有什麼包治百病的靈丹妙藥！只不過我對病症診斷得準確，能對症下藥罷了。」

是啊，對於疾病來說，只要藥性對症，一把茅草即是妙藥；若是不對症，靈芝、人參也是毒藥！

更難得的是，魏神醫對於上門求醫的人，不論貧富，一視同仁，都盡心治療。因此，鄉下百姓稱他為「活菩薩」。他之所以被稱作「活菩薩」，還有一個原因，那是因為在明末清初的動盪時期，他為了躲避戰亂，跑到附近的天寧寺出家。住持說他世緣未盡，沒有給他落髮，讓他

做了一名行者。

俗話說，半路出家也能成佛。他成佛不成佛沒人知道，人們知道的是，他在寺院參了幾年禪，從一個無名郎中一躍成了常州城最高明的醫生。

同行們百思不得其解：他在寺院參禪念佛，長期未行醫看病，為什麼醫術不但沒有荒廢，反而得到了突飛猛進的提高？真是難以置信！莫非，他在寺院裡遇到了奇緣？像傳說中的那樣，得到了世外高人或菩薩的點化？

曾經有同行向他請教其中的訣竅，他說：「給人看病，要善於使用藥引子。比如，鄉下人來城裡看病，一定要先給他食用一些點心；而貧窮的病人，不但要施捨醫藥，還要奉送他一些錢糧，因為……」

不等他說完，同行拂袖而去：「有點心，我還孝敬老婆、兒子呢！送給病人錢糧，我還開診所幹什麼！你不肯說出秘訣就算了，何必要戲弄人？」

他只能苦苦一笑，因為，這真的是他之所以成為神醫的訣竅。鄉下百姓進城來看病，要走很遠的路，一定又累又餓，所以脈相十分紊亂。若是此時把脈，怎能準確診斷出病症呢？而給他茶點充饑的同時，讓他稍稍休息一會兒，脈相就穩定下來，就能把准病情的細微差別了，從而精確用藥，藥到病癒。而貧窮人家的病人，體質肯定虛弱不堪，無法發揮藥物的作用，所以，在治病的同時，必須同時補充營養。

其實，這些道理，其他郎中未必不懂，只是沒有他的那份慈悲心腸，無法做到罷了。

一次，他上門為一位危重病人診脈，病人枕頭下的

十兩銀子不見了。那銀子，是病人的兒子剛剛借來，預備給老人請醫買藥救命的。病人的兒子聽信了其他郎中的讒言，懷疑是魏神醫拿了，便捧了一炷香，跪在他家門前。魏先生很奇怪，問他幹什麼。病人的兒子沉默了半天，最終委婉地將疑情說了出來。

　　沒想到，魏先生痛痛快快地承認了，說：「確有此事。本來我有急事需要用銀子，手頭不方便，就悄悄拿了你家的銀子應急用了。我本想今天去給你父親診脈時，再神不知、鬼不覺地放回去，完璧歸趙。」

　　說完，魏先生拿出十兩銀子，交給了他。本來，大街上圍觀的人們都說，魏神醫道德高尚，不相信會有如此卑劣的行為。然而，等病人的兒子如數拿到了銀子，人們簡直驚呆了。沒想到，魏神醫竟然是個假惺惺的偽君子！人們七嘴八舌，議論紛紛，驚歎人心難測。一時間，對魏先生的非議之聲傳遍大街小巷。然而，魏先生卻神態自若，毫不在意，像什麼事也沒發生過一樣。

　　半月以後，病人痊癒。家人徹底清理病床時，在褥子底下發現了那十兩銀子。於是，羞愧難當的父子雙雙捧香，跪倒在魏先生家的大門前。

　　魏先生笑著問：「這次又是為什麼呢？」

　　病人痛哭流涕地說：「我們家的銀子沒有丟失，是我的兒子誣陷了先生，使您蒙受了不白之冤。今天一則送還銀子，二則特地向您請罪來了。」

　　魏先生將他們拉了起來，真誠地說：「沒關係，沒關係，事情都過去了。」

　　病人的兒子十分不解，追問道：「先生，我那天聽信

讒言誣賴您，您明明沒有拿銀子，何必甘願蒙受罵名呢？您究竟為什麼寧可名譽被汙也不說明呢？」

魏先生說：「我去給你父親看病時，知道你們家境貧寒，那銀子是借來看病救命的。你父親的病情正在緊要關頭，若是知道救命的銀子丟失了，一定傷心、絕望。邪火上攻，病情會急劇加重，很可能因此而一命嗚呼。所以，我甘願背上汙名，說銀子是我偷的，使你父親知道銀子失而復得，無望之心得到安慰，病情立刻減輕，自然會好起來。」父子兩人再次雙膝跪倒，磕頭不止。

·:·道破禪機·:·

解決問題要對症下藥

要想治癒病人的病情，就要像魏神醫那樣，找準病因，善於使用藥引子，對症下藥。在生活中，我們時常也會遇到各種各樣的問題，它們就像「疑難雜症」一樣困擾著我們，其實解決它們也沒有想像中的那麼難，只要找準病因，對症下藥，自然就能藥到病除！

1984年，一個比利時地毯商人十分苦惱，他想把自己的地毯打進阿拉伯市場，可是當地已經有很多地毯商了，自己如何能爭得一席之地呢？後來，他發現阿拉伯國家穆斯林教徒跪在地毯上做朝拜時，必須面向麥加城方向，於是特意設計了一種地毯，這種地毯中間嵌有永遠指向麥加城方向的指標，這樣，教徒只要鋪上了地毯，就能知道麥加城的方向所在。這一種地毯一上市，就受到穆斯林教徒的歡迎，成了供不應求的熱門貨。

　　日本松下公司想在中國大陸打開錄影機市場，但當時的中國消費者文化水準一般都不高，懂英文的更少，對進口家電非常青睞，而對錄影機這種高檔家電更有點「高不可攀」的顧慮。針對這一問題，松下公司在L15錄影機上注明只銷往中國，這等於暗示中國消費者：松下生產的L15錄影機與眾不同，是專為中國消費者而設計的，請中國的消費者百分之百放心。L15說明書不僅附有中文說明，而且還隨機附有中文普通話操作說明錄影帶，使中國消費者可以很快學會操作。另外，松下公司還摸準了中國消費者講實惠的特點，在包裝上非常中國化，儘管L15錄影機功能齊全，品質也好，但卻採用極一般的紙箱包裝，很合中國百姓的胃口。L15錄影機自打入中國大陸市場以來，一直暢銷不衰，這與松下公司成功地採用「入境問俗、對症下藥」的市場開發策略有較大的關係。

　　地毯商人的成功和松下錄影機的熱銷都說明了同一個道理——解決問題只有「對症下藥」才能「藥到病除」。對於一個公司來說，如果想到某個地方去經商或開闢市場，就首先要徹底瞭解目標市場的風俗、習慣和文化，鑑別目標市場消費者的價值觀念及行為準則，從而真正把握人們的需要和偏好，做到「看地施肥、對症下藥」。而這個道理同樣適用於普通人做人做事，在處理問題的時候，我們必須看準問題的實質，制定相宜的解決策略，這樣才能夠一擊中的，獲得成功。

禪林清音

　　悟與不悟，往往只有一念之別。

4. 難陀出家

佛經裡有一個難陀出家的故事。

難陀是釋迦牟尼的弟弟,他也想像其他幾個兄弟一樣出家。但是父王想把王位傳給他,不同意他出家。妻子更害怕他出家,所以他每次出門前,妻子都會先在他的額頭點上口紅,規定口紅沒有乾以前要回來。難陀的妻子非常漂亮,難陀很愛她,對她的話無不聽從。

有一次,釋迦牟尼托缽到王宮化緣。難陀的妻子很緊張,不讓難陀出門。難陀跟她爭了很久,還是要出去。妻子沒辦法,只好應允,仍然用口紅在難陀額上一點,規定他把飯送出去後馬上回來。難陀到了門口,把飯倒在哥哥的缽兒裡。釋迦牟尼佛沒有講話,用手一招,難陀就不聲不響地跟他出家去了。

難陀出家後,思念妻子,以致六神不安,無心修道。有一天,釋迦牟尼使個法術,把難陀帶到欲界天。只見那兒美女成群,讓難陀眼花繚亂。釋迦牟尼問他:「這些天女比起你的妻子如何?」

難陀說:「唉呀!我的妻子哪比得上這些天女,她們太漂亮了!」

釋迦牟尼先回去了,讓難陀在仙宮參觀。難陀走來走去,覺得奇怪,怎麼一個男人都沒有?天女告訴他:我們這500位天女都屬於難陀,他正在人間修行,修成後就能和我們團聚了。

難陀一聽,急忙跑回去修行,他拼命用功,想早日跟500天女團聚。

過了一段時間，釋迦牟尼又帶他到地獄去參觀。難陀看見兩個惡鬼手拿叉子等在沸騰的油鍋前，他又害怕又好奇，就問他們等什麼人。

兩個惡鬼說，他們正在等難陀，此人犯了淫惡之罪，正在人間修行，但動機不純，是為了貪圖性愛。當他享完天福後，就要到地獄來嘗嘗油鍋的味道。難陀大吃一驚，急忙跑回來，跟著哥哥真心修行，再也不想那500天女了。

∵∴道破禪機∴∵

正視問題，迎難而上

在這個故事中，釋迦牟尼引導難陀修行，不是苦口婆心地告誡他要如何如何克制慾望，而是用500天女激發難陀更大的慾望，當他的慾望之火燒得越來越旺時，再澆一盆冷水下去，給他的慾火澆滅了。釋迦牟尼用的這種方法是「正視問題，迎難而上」。他並沒有採取逃避的態度，對難陀的問題視而不見，反而幫助難陀「放大」問題，進而讓難陀意識到問題的嚴重和可怕，自斷惡根。

在現實生活中，逃避永遠不是解決問題的方法，在面對問題的時候，我們要勇於正視問題，迎難而上。

一天，有人問一位登山專家：「如果我們在半山腰，突然遇到大雨，應該怎麼辦？」

登山專家說：「你應該向山頂走。」

他覺得很奇怪，不禁問道：「為什麼不往山下跑？山頂風雨不是更大嗎？」

「往山頂走，固然風雨可能會更大，它卻不足以威

脅你的生命。至於向山下跑，看來風雨小一些，似乎更安全，但卻可能遇到爆發的山洪而被淹死。」登山專家嚴肅地說：「對於風雨，逃避它，你只有被捲入洪流；迎向它，你卻能獲得生存。」

正視問題，迎難而上，努力克服它，戰勝它，這是生存的法則。相反，逃避是懦夫的作為，最終只能帶來更多的危險。

·禪林清音·

要想逃避痛苦，就要走進痛苦之中。

5. 道元與有靜

日本的道元禪師，三歲時喪父，八歲時喪母，從小就由叔父收養。他十四歲時在京都建仁寺出家。

宋朝時，道元禪師來中國學法，當他乘坐的船在慶元港停泊時，一位年約七十歲的老禪師上船來購買木耳。

道元禪師很親切地跟他打招呼，言談中知道老禪師名叫有靜，是浙江阿育王寺的典座，道元禪師就對他說：「禪師！天色已暗，你就不要急著趕回去，在我們船上過一宿，明天再回去吧！」

有靜老禪師也非常有禮地回答道：「謝謝你的好意，明天阿育王寺裡正好煮麵供養大眾，今天特地出來買木耳，以便今晚帶回，趕著明天用，所以不方便在此過宿。」

道元禪師道：「如果您不在寺裡，難道就沒有人代理

嗎？」

有靜老禪師道：「不，這是我的職責，怎可輕易放棄或請人代理？何況我未曾獲得寺裡同意外宿，不能破壞寺裡的清規。」

道元禪師道：「您已是位長者，為什麼還要負責典座這種職務呢？應該安心坐禪，勤於讀經呀！」

有靜老禪師聽後，開懷大笑，說道：「外國的青年禪者，你也許還不瞭解何謂修行，請莫見怪，你是一個不懂禪心經語的人。」

道元禪師羞愧地問道：「什麼叫禪心經語?」

有靜老禪師不假思索，立刻答道：「一二三四五。」

道元禪師再問道：「什麼叫修行?」

有靜老禪師清楚地答道：「六七八九十。」

道元禪師嘆服，他回國後，盡職盡責，不敢偷懶，整日研習佛經，終成一位名僧。

·‥道破禪機‥·

做事情要盡職盡責

有靜禪師禪風高峻，並因自己是德高望重的長者而自居，反而對一些自己分內之事盡職盡責，不逃避責任，這才是真正懂得禪心經語的禪者啊！生活中，有許多人身在其位卻不謀其政，對於所做的事情得過且過，從不盡職盡責，這樣的人是不可能獲得人生的成功的。

有一位小和尚在寺院擔任撞鐘之職。按照寺院的規定，他每天必須在早上和黃昏各撞一次鐘。

開始時，小和尚撞鐘還比較認真。但半年之後，小和尚覺得撞鐘的工作太單調，很無聊，於是，他就「做一天和尚撞一天鐘」了。

　　一天，寺院的住持忽然宣佈要將他調到後院劈柴挑水，不用他撞鐘了。

　　小和尚覺得奇怪，就問住持：「難道我撞的鐘不準時，不響亮？」

　　住持告訴他：「你撞鐘很響，但鐘聲不圓潤、渾厚，因為你心中沒有理解撞鐘的意義。鐘聲不僅僅是提醒僧人的作息時間，更重要的是喚醒沉迷的眾生。因此，鐘聲不僅要宏亮，還要圓潤、渾厚、悠遠。一個人心中無鐘，即是無佛；如果不虔誠，怎能擔當撞鐘之職？」

　　小和尚聽後，非常慚愧，此後，他潛心修煉，終成一代名僧。

　　小和尚為什麼要被住持免除撞鐘之職，因為他對自己的工作沒有高度負責的精神。因為沒有這種高度負責的精神，所以他撞出的鐘聲不圓潤、渾厚。一個「做一天和尚撞一天鐘」的人，早晚會被「免除撞鐘之職」的。

　　現在的社會對成功的定義已經出現了變化。成功不只是生存戰，或是能夠擁有什麼東西那麼簡單；它是人生命歷程中的一種「狀態」。就算你註定要做個掃大街的清潔工人，也要為自己的工作全力以赴。

‧禪林清音‧

　　自古以來，所謂大德者，風格雖各有不同，但絕無蒙混者。

6. 心中國泰民安

唐朝高沙彌去參見藥山禪師，藥山禪師問：「你可知道人心像長安城一樣熱鬧，熙熙攘攘的嗎？」

高沙彌說：「我的心中國泰民安。」

藥山問：「你這種體悟是從讀經得來的呢，還是從請益參學中得來的？」

高沙彌說：「既不是從讀經得來，也不是從參學得來。」

藥山問：「有人不看經，也不參學，為什麼得不到它呢？」

高沙彌說：「不是他體悟不到，而是他不肯承擔。」

・道破禪機・

勇於承擔是人生重要一課

不曠達的人，最主要的在於他不能承擔。不能承擔就表示沒有能力，能夠承擔的人，不管他遭遇什麼變化，是好是壞，是順是逆，他都能從定中生慧，凡事迎刃而解。一個人在成長過程中，所要學習的東西很多很多，其中學會勇於承擔，是我們人生旅途中非常重要的一堂課。

一位名叫吉埃絲的美國記者，有一天來到日本東京，她在奧達克依百貨公司買了一台留聲機，準備送給住在東京的婆婆作為見面禮。

售貨員彬彬有禮、笑容可掬地特地挑了一台尚未啟封

117

的機子給她。然而回到住處,她拆開包裝試用時,才發現機子沒裝內件,根本無法使用。吉埃絲火冒三丈,準備第二天一早即去百貨公司交涉,並迅速寫了一篇新聞稿《笑臉背後的真面目》。

第二天一早,一輛汽車趕到她的住處,從車上下來的是奧達克依百貨公司的總經理和拎著大皮箱的職員。他倆一走進客廳就俯首鞠躬,連連道歉,吉埃絲搞不清楚百貨公司是如何找到她的。那位職員打開記事簿,講述了大致的經過。

原來,昨日下午他們清點商品時,發現將一個空心的貨樣賣給了一位顧客,此事非同小可,總經理馬上召集有關人員商議。當時只有兩條線索可循,即顧客的名字和她留下的一張美國快遞公司的名片。

據此,百貨公司展開了一場無異於大海撈針的行動。打了32次緊急電話,向東京的各大賓館查詢,沒有結果。於是,打電話到美國快遞公司的總部,深夜接到回電,得知顧客在美國父母的電話號碼,接著,打電話到美國,得到顧客在東京的婆婆家的電話號碼,終於找到了顧客的落腳地。這期間共打了35個緊急電話。

職員說完,總經理將一台完好的留聲機外加唱片一張、蛋糕一盒奉上,並再次表示歉意後離去。吉埃絲的感動之情可想而知,她立即重寫了新聞稿,題目就是《35個緊急電話》。

當自己的員工犯了錯誤,奧達克依百貨公司立即承擔起了自己的責任,想盡辦法找到顧客吉埃絲,彌補了過失。難道公司的經理和職員不怕麻煩嗎?

不，他們也知道尋找吉埃絲很麻煩，但是他們有自己
需要承擔的責任。

生活需要勇於承擔，有很多事情我們都不喜歡做，但
我們不但要做，而且要做好，這就是勇於承擔的表現。成
熟就意味著承擔，我們要勇於承擔起家庭的責任、工作的
壓力、犯錯的後果，等等。生命雖然短暫而渺小，但只要
我們勇於承擔，就能做生活的贏家！

·∴禪林清音·∴

禪者總是曠達、隨遇而安的，而能曠達，完全要
看是否能夠承擔生活上的種種責任。

7. 偷花的人

有一位在森林裡修行人，非常虔誠，他每天都在大
樹下思考、打坐。

一天，他打坐感到昏沉，就起身在林間散步，偶然走
到一個蓮花池畔，看到蓮花正在盛開，十分美麗。修行人
心裡升起了一個念頭：這麼美的蓮花，我如果摘一朵放在
身邊，聞著蓮花的芬芳，精神一定會好得多呀！

於是，他彎下身來，在池邊摘了一朵。他正要離開的
時候，聽到一個低沉的聲音說：「是誰？竟敢偷採我的蓮
花！」

修行人環顧四周，什麼也看不到，只好對著天空問
道：「你是誰？怎麼說蓮花是你的呢？」

「我是蓮花池神，這森林裡的蓮花都是我的，你這個

修行人，偷採了我的蓮花，心裡起了貪念，不知道反省、檢討、慚愧，還敢問這蓮花是不是我的！」空中的聲音說。

修行人的內心感到非常慚愧，他對著空中懺悔：「蓮花池神，我知道自己錯了，從今以後痛改前非，絕對不會貪取任何不屬於自己的東西！」

修行人正在懺悔的時候，有一個人走到池邊，自言自語：「看，這蓮花開得多美，我該採去山下販賣，賣點錢，看能不能把昨天賭輸的錢贏回來！」

那人說著就跳進蓮花池，把整池的蓮花摘個精光，蓮葉全被踐踏得不成樣子，池底的污泥也翻了起來。然後，他捧著一大束蓮花，大笑著揚長而去了。

修行人期待著蓮花池神會現身制止，斥責或處罰那摘蓮花的人，但是池畔一片靜默。

他充滿疑惑地對著虛空問道：

「蓮花池神呀，我只不過採了一朵蓮花，你就嚴厲地斥責我，剛剛那個人採了所有的蓮花，毀了整個蓮花池，你為何一句話也不說呢？」

蓮花池神說：

「你本來是修行人，就像一匹白布，一點點的污點就很明顯，所以我才提醒你，趕快去除污濁的地方，恢復純淨。那個人本來是個惡棍，就像一塊抹布，再髒再黑他也無所謂，我也幫不上他的忙，只能任他自己去承受惡業，所以才保持沉默。你不要埋怨，應該歡喜，你有缺點還能被人看見，看見了還願意糾正教導你，表示你的布還很白，值得清洗，這是值得慶幸的事呀！」

∴道破禪機∴

正確看待別人的批評

讀完這個故事，你是否聯想到自己生活中被人批評的時刻？當你做錯了事，是如何對待批評的呢？是憤憤不平，拒絕接納，還是接受批評，並且在心中感激那個批評你的人？對待別人批評的時候，如果那是正確的，就應該抱著感恩的心態虛心接受，因為那些批評你的人是真正為你好的人。

中國的封建王朝設有諫官，諫官的主要工作就是「直言勸正」。漢朝的汲黯就是個諫官。

當時，漢武帝正在大力徵召儒師，為了標榜自己推行儒家「王道政治」的誠心，他時常在群臣面前說準備做「仁義」之事。

汲黯深知漢武帝的為人，就在朝堂之上嘲諷他：「陛下內心充斥著欲望，而表面上卻說要施行仁義，怎麼可能真正仿效唐堯虞舜的治國之道！」

這話讓漢武帝勃然大怒，但他並沒有降罪於汲黯，只是在退朝之後對身邊人抱怨一下：「太過分了，哪有像汲黯這般戇直的！」

同僚中有人「開導」汲黯要懂得人情世故，說話要給皇帝預留臺階，汲黯卻不肯「領情」，依然堅持自己的原則：「天子設置公卿輔弼之類的大臣，難道是為了讓我們阿諛逢迎君主的意旨，而陷君主於不義嗎？況且我身在其位，縱然我有愛惜自己性命的念頭，也不能做出污辱朝廷

的事情來！」

雖然漢武帝心中對汲黯有所不滿，但是他也容忍了汲黯那不客氣的粗暴批評，因為他知道，國家需要汲黯這樣敢於直言相諫的大臣。生活中，對於一些「逆耳」的「忠言」，我們也要學會接受，因為只有接受批評，不斷自省，才能不斷進步。

┌╴∵禪林清音∵╶┐

你要感謝告訴你缺點的人。

8. 佛性平等

鶴林寺的玄素，是牛頭宗第六代禪師。在禪宗史上，他並不知名，但他對禪宗領悟很深。

一天，有人敲響了鶴林寺的大門，玄素禪師問道：「什麼人？」

「是僧人。」門外之人回答。

玄素禪師說：「莫說是僧人，就是佛祖來了也不接納！」

「為什麼不接納？」僧人追問。

玄素回答：「這裡沒有你棲身的地方。」

幾句問答，禪機盎然。

山下，有一位屠夫，牛羊豬狗，什麼都宰殺。每年死在他手裡的性命，不知多少！有一天，他來到鶴林寺，請求玄素禪師某日到他家裡去設齋供。玄素禪師毫不猶豫，一口答應了。

等到那一天，玄素禪師準備齊當，果真要下山赴約。

在山門口，幾個好心的僧人攔住了他，勸說他不要與這種人來往，以免壞了名聲。玄素說：「佛性平等，對於任何人都是一樣。聲名顯赫也好，名聲狼藉也罷，只要是可度化的人，我就去度化他，這又有什麼差別呢？」

·道破禪機·

用一顆真心平等待人

禪宗認為眾生平等，人人都有佛性，只要開悟，皆可成佛。在生活中，儘管有的人身份顯赫，有的人出身貧寒；有的人腰纏萬貫，有的人一貧如洗；有的人聰明絕頂，有的人愚不可及……但是，從本質上講，每個人都是平等的。在佛的眼裡，僧人和屠夫是一樣的，而在常人的眼裡，往往他們有著天大的差別！

做人不應該因為自身的優越感而看不起他人，也不應該因為自己的卑微而低下高貴的頭顱，用一顆真心去平等地對待他人吧，這才是正確的生活態度。

男孩小凱是有些智障的兒童，大家都看不起他。小夥伴們要麼敬而遠之，要麼群起攻擊，總之沒有人肯真心真意和他一起玩兒。

後來，有一個非常漂亮的小女孩加入了他們的隊伍。

有一天，小女孩發現了小凱，就問他為什麼老是一個人玩。夥伴們告訴小女孩他是個傻爪，什麼都不懂，別人讓他做什麼他就會做什麼。小女孩動了惻隱之心，撇下小夥伴們一個人去和小凱玩。起初小凱對她也不理不睬，小

女孩並不灰心，繼續細聲細語地和他說話。幾天後，小凱終於抬起頭來，含糊不清地說出三個字：「好姐姐！」

此後，好姐姐就成了小女孩在小凱心中的名字。他和小女孩在一起開心地大笑，開心地玩耍，開心地為好姐姐做她要求的任何一件事。

漸漸地，小夥伴們都長大了，他們很後悔當年那樣對待小凱。

一次，當年的小夥伴們不經意間聚到了一起，大家都對小凱說著同樣抱歉的話，希望小凱能原諒由於他們的年少無知而給他帶來的傷害。小凱用微笑寬容了每一個人，並告訴眾人，他有一個好姐姐，是她給他帶來了幸福與快樂。

眾人這才想起當年那個漂亮的小女孩，不知她如今身在何方。小凱解答了眾人的疑問：「好姐姐在滿園花開的天堂！她當時已經患上了白血病，生命不會超過半年，和她在一起，我得到了平等的關愛與交流。對於當時的我來講，這是最重要的。」

眾人不語，他們似乎開始明白，儘管生命中有許多的不平等，但仍然要用平等的態度來對待每件事和每個人。

平等待人，有時候說起來很簡單，但做起來卻很難。我們應該真誠地、平等地對待每一個人，因為一切生命皆是平等的。

：禪林清音：

在禪學中，禪宗講究「直下承當」，所謂心、佛、眾生，三無差別。

9. 山林失火

山林失火了，火勢蔓延得特別快，幾個時辰之後，就會殃及寺院。

寺院的住持定一法師觀看了風勢、查看了火情後，一面派人奔赴救火第一線，一面組織僧員抓緊時間將寺院四周的所有草木清除，開闢出五公尺見寬的防火帶來。

後來，這場山火最終沒能撲滅，把整座山林全燒光了，唯獨留下了寺院裡的一片蔥綠。

就在周圍村莊的人們議論紛紛，說寺院的住持太自私時，定一法師帶領全體僧侶開始了重新綠化荒山的活動。

他們首先將寺院裡的部分樹苗分栽到經山火燻烤過的山岩間的沃土裡，又把寺院裡所有樹木及花草的種子集中起來，撒遍山野的角角落落。就這樣，第二年，山野就重新披上了綠裝。

直到這時，原來對寺院抱有成見的村民們，才後悔自己的狹隘，漸漸理解了定一法師的做法，並從心裡佩服他。

·道破禪機·

不要輕易誤會他人

村民一開始誤會了定一法師，後來看到了法師和僧人們的行為才後悔不已。生活中有許多事情不是「眼見為實」的，千萬不要輕易誤會他人，招致後來的悔恨。

在美國的阿拉斯加，有一對年輕人結婚，婚後生育，他的太太因難產而死，遺下一個孩子。

　　他忙於工作，沒有人幫忙看孩子，於是就訓練了一隻狗。那隻狗聰明聽話，能照顧小孩，會咬著奶瓶給孩子餵奶。

　　有一天，主人出門去了，叫狗照顧孩子。

　　他到了別的鄉村，因為遇到了大雪，當日不能回來，第二天才趕回家。回到家後，狗聞聲立即出來迎接主人，他把房門打開一看，發現屋裡到處是血，孩子不見了，狗在旁邊，滿口也是血。主人看見這種情形，以為狗性發作，把孩子吃掉了，大怒之下，拿起刀來劈向狗頭，把狗殺死了。

　　這時，主人忽然聽到床下孩子的哭聲，他馬上從床底下抱起孩子，發現孩子身上雖然有血，但並未受傷。

　　主人很奇怪，不知究竟是怎麼一回事，再看看狗，它的腿上少了一塊肉，而在不容易發現的門後躺著一隻狼，口裡還咬著一塊肉。原來，狗和狼殊死搏鬥，救了小主人，卻被主人誤殺了，這一切都是個誤會！

　　誤會，往往是人們在不瞭解、無理智、無耐心、缺少思考、感情極為衝動的情況下發生的，因此，不要相信「眼見為實」，遇事要多觀察，多思考，不要貿然下結論，否則會造成誤會，讓人後悔莫及。

‧禪林清音‧

　　善惡、是非、得失、淨穢，這些都需要用心去分辨，而不是用眼。

10. 雲門斷腿

雲門禪師去參訪睦州禪師，到了睦州禪師的道場，正是黃昏薄暮時分。雲門用力敲著兩扇緊閉的大門，好長時間，睦州才來開門。雲門道明來意之後，正要一腳跨入門檻，睦州卻出其不意地用力把門關上，雲門大叫道：「哎喲，哎喲，好痛喲！」

睦州道：「誰在喊痛呀！」

雲門道：「老師！是我。」

睦州道：「你在哪裡呢？」

雲門道：「我在門外呢！」

睦州道：「你人在外面，為什麼叫痛呢？」

雲門道：「因你把我的腳關在門裡面了。」

睦州道：「腳在門裡，為什麼人在門外呢？」

雲門道：「你確實把我分成裡外了。」

睦州道：「愚癡！一個人還有裡外之分？」

雲門聽了此言，好像醍醐灌頂，終於徹悟。

·道破禪機·

做人不能兩面三刀

雲門禪師雖然腿被壓斷，但這一關一合卻截斷了他的妄念，讓他徹悟。把禪理放入生活中來，有多少人在說話、做事的時候，不內外一如呢？做人最好不要兩面三刀，當面一套，背後一套，這樣遲早會被人戳穿，結果弄

得自己身邊沒有一個真心朋友。

喜鵲到處自詡：「我是直筒子性格，心直口快，愛講真話，從來不怕得罪人。」

的確如此，喜鵲碰到不順眼的，總愛唧喳一通，指責一氣。比如，見了豬，他要斥責：「光吃不幹的懶傢伙。」見了狗，他要嘲諷：「尾巴捲上天的東西。」見了驢，他要戲謔：「蠢貨，推磨還要蒙眼。」見了麻雀，他要譏笑：「小不點兒，能把人吵死。」……

有一次，烏鴉總管巡視山林。喜鵲見到了烏鴉，趕忙飛向前，笑臉相迎，喋喋不休地恭維烏鴉：「總管大人，我們太想念您了。見到了您，真幸運。總管大人，您的羽毛真美，你是天下最漂亮的鳥。總管大人，您的歌兒真好聽，您堪稱鳥王國的最佳歌星。」

烏鴉總管走後，一群鳥民圍攏上來，七嘴八舌質問喜鵲：「愛講真話的先生，今天怎麼不講真話了？」

「烏鴉的羽毛真美嗎？」

「烏鴉的歌兒真好聽嗎？」

喜鵲窘態百出，支支吾吾，答不出一句話來。

公正的貓頭鷹出來替喜鵲作了回答：「喜鵲先生，恕我直言。你的所謂直筒子性格，愛講真話，有對象哇！在於自己無利害關係者的面前，你什麼都敢說，什麼都能說；一旦到了關乎自己利害的對象面前，你就不敢講真話了。」

喜鵲的做法是虛偽的，典型的「見人說人話，見鬼說鬼話」，如此兩面三刀的態度，最後只會落得名聲掃地，人見人罵。俗話說「人心隔肚皮」，有些人居心叵測，當

面一套，背後一套，自以為聰明，殊不知，明眼人早就把這樣的人看透了，那些人最初想兩頭落好，最終則會兩頭都遭受白眼。所以，做人最好統一內外，表裡如一，真誠做人，實在做事，這才是保持良好人際關係的長久之計。

⎯禪林清音⎯

統一內外，表裡如一。

11. 天下第一的點茶

千利休是日本茶道的鼻祖，同時又是有名的一休禪師的得意弟子，他當時在日本的社會地位非常尊貴。

有一次，一個名叫上林竹庵的人邀請千利休參加自己的茶會。千利休答應了，並帶眾弟子前往。

上林竹庵非常高興，同時也非常緊張。在千利休和弟子們進入茶室後，他開始親自為大家點茶。但是，由於他太緊張了，點茶的手有些發抖，致使茶盒上的茶勺跌落、茶籠倒下、茶籠中的水溢出，顯得十分不雅。千利休的弟子們都在竊笑。

可是，茶會一結束，作為主客的千利休就讚歎說：「今天茶會主人的點茶是天下第一。」

弟子們都覺得千利休的話不可思議，便在回去的路上問千利休：「那樣不恰當的點茶，為什麼是天下第一？」

千利休回答說：「那是因為上林竹庵為了讓我們喝到最好的茶，一心一意去做的緣故。這種心意是最重要的。」對於茶道來說，重要的是心。不管多麼漂亮的點

茶,多麼高貴的茶具,沒有心的真誠,可以說任何意義都沒有。

·道破禪機·

真誠是最重要的

千利休認為竹庵的點茶是天下第一的,這是因為竹庵在點茶的過程中溶入了自己真誠的心意。什麼是真誠呢?真誠即真實誠懇,真心實意,從心底感動他人,最終獲得他人的好感。真誠是一種優雅,是一種寧靜,是一種聖潔,是一種美好,是一種淡泊,是一種成熟。在你的人生中,多一份真誠,就多一份自在;多一份真誠,就多一份坦率;多一份真誠,就多一份祥和。

然而,在現在這個社會,做一個真誠的人很難,也許你的真誠會遭到別人的懷疑。但是不要放棄,人與人之間的溝通不是簡單的過程,你真誠的舉動最終會贏得人們的認可。

有一家的女主人在院子裡栽了一棵葡萄樹,多年未見果實。忽一年枝繁葉茂,果實累累,主人很是歡喜。於是在葡萄熟了的季節,她裝上了一籃子葡萄想與別人一同分享她的喜悅,一同分享那美味的葡萄。

她來到商人的面前,真誠地對商人說,「我家的葡萄熟了,這不是當地的葡萄,請您嘗嘗吧!」

商人立刻問她,「你的葡萄多少錢一斤?」

她說:「這葡萄我不賣,只是想讓你嘗嘗鮮。」

「不賣?嘗鮮?」商人露出一臉的困惑。

　　她來到一個官員面前，真誠地對官員說，「我家的葡萄熟了，這不是當地的葡萄，請您嘗嘗吧！」

　　官員露出一臉的不解，悄聲問她，「你有什麼困難？你找我有什麼事嗎？」

　　她說：「我找您沒什麼事，這是我們家新鮮的葡萄，只想讓您嘗個鮮。」

　　「沒事？嘗鮮？」官員露出一臉的困惑。

　　她來到一對年輕的夫婦面前，真誠地對他們說：「我家的葡萄熟了，這不是當地的葡萄，請你們嘗嘗吧！」

　　丈夫立刻睜大了警惕的眼睛，感覺請他們吃的不是葡萄更像是毒藥：「你請我們吃葡萄？」

　　她說：「是呀，這是我們家新鮮的葡萄，我們這地方沒有的，想讓你們嘗個鮮。」

　　丈夫小心翼翼地揀了一粒慢慢放進了嘴裡，那神色告訴主人，這葡萄一定是酸的！

　　她遇上了一位老人，真誠地對老人說：「老人家，我們家的葡萄熟了，想請您嘗個鮮。」

　　老人臉上露出了燦爛的笑容：「是嗎？那謝謝你了，我來嘗個鮮。」

　　老人痛快地從籃子中取出了一粒，放進了嘴裡，臉上露出了滿意的笑容：「好孩子，你家的葡萄真好吃！我們這地方真的沒有這樣味美的葡萄！」

　　聽了老人的稱讚，她終於露出了笑臉，終於有一個人明白她的真誠，吃了她的葡萄了。

　　真誠在與人相處的過程中非常重要，不要因為些許的挫折就放棄真誠待人，繼續真誠地待人吧，用真誠把

「人」字寫高、寫大,把封閉的心胸敞開,蕩滌狹隘自私的雲煙,活出率真的自我。

何物最昂貴?真心一顆。

12. 懷疑生暗鬼

在一座深山中隱藏著一處寺廟,這千年古剎在綠樹濃蔭之中巍峨聳立,金碧輝煌。然而就在這座千年古剎之中,卻有一處偏僻的小屋讓所有的僧人和香客唯恐避之不及。這是為什麼呢?原來這個小屋陰冷潮濕,而且時常鬧鬼,使來往住宿的客僧不能安心修道,所以只好任其荒廢,擱置不住。

有一天,一位客僧前來住宿,所有的客房都滿了,只好讓他委屈住在那個小屋裡。

寺院裡的和尚對他說:「這個屋子裡傳說有鬼,經常出來嚇人,住的時候一定要當心啊。」

這個客僧認為自己四處雲遊,見多識廣,沒什麼可怕的,就對知客說:「這裡的小鬼沒什麼可怕的,要是真出來搗亂,看我怎麼收拾它!」說完就進房打坐養神。

這天傍晚時分,又有一位客僧前來住宿,和尚只好把他也安排在這個小屋裡,同樣叮囑他說:「這屋子時常鬧鬼,一定要小心啊。」

這位後來的僧人也是個膽大的,對和尚說:「好的,我知道了,要是有鬼出來,我一定能降伏它。」

先進去的那個僧人正在打坐等著鬼怪出來，忽然聽見有人輕輕敲門想進屋，以為是出來鬧事的鬼怪，就沒有開門，沒想到那後來的僧人見門總是不開，敲得越發用力，一個使勁敲，一個就是不開，兩個人在門裡門外就這麼僵持了半天。最後還是外面的僧人力氣大，把門推開，裡面的僧人抄起門槓就打，二人一直扭打到天亮，才認出對方的面目，原來他們還是曾經在一起學佛的舊相識。

這兩個人都把自己疑神疑鬼的事情告訴了對方，彼此又是慚愧，又是道歉。

道破禪機

疑神疑鬼不可取

疑神疑鬼的兩個人到天明才發現自己的可笑行為，很多時候，我們的懷疑也是那麼可笑。輕易懷疑他人，會造成許多誤會，對人與人之間的關係有著很大的負面影響。

船夫一大早就因為一件小事和妻子吵了起來。結果越吵越凶，妻子後來竟然把一個暖水瓶摔到了地上。船夫生氣極了，他不再理會仍在哭鬧的妻子，他覺得妻子真是不可理喻，他甚至想這樣的日子真是過到了頭。

這樣想著，船夫一氣之下把家裡的5000元現金放在了衣服裡。「如果妻子不向我道歉，我就在外面住下來，不再回家。」他暗自對自己說。

船夫就這樣帶著一肚子氣去岸邊了。生氣歸生氣，可是生活還要繼續。船夫剛到岸邊就有兩個年輕人雇了他的船。這兩個年輕人上了船就發現船夫的神色有些不對勁，

他一直板著臉，皺著眉頭，看上去有些可怕。「難道上了賊船？聽說江河邊有很多強盜出沒，他們假扮成船夫專門劫乘船人的財物，然後再把乘船人扔到江裡淹死。」兩個人這樣想著，不由得害怕起來。

他們剛剛從城裡幹活回來，好不容易掙到的幾千塊錢全都帶在身上。這可是他們一年的全部收入啊，如果被強盜搶了去，那家裡等著用錢的父母和妻兒怎麼辦？況且如果就這樣被強盜殺害，自己更是死不瞑目。於是兩個人開始小心翼翼地商議應該如何對付這個身體強壯的船夫。

開始時，船夫心裡一直在想與妻子吵架的事情，本來就是因為一點小事，自己為什麼要發那麼大的火呢？想到妻子平時為家裡操勞，船夫更是後悔不已。他想等送走這兩位客人，一定要趕快回家去向妻子道歉。這樣想著，船夫就抬起頭來使勁划船。

可是他看到兩位乘客背對著他鬼鬼祟祟地在商議著什麼，難道這兩個人是壞人？他越看這兩個人越不像好人。自己當初只顧著和妻子生氣了，一直沒注意這兩個人是如此可疑。而且家中的5000元錢也全被自己帶在了身上，船夫真是後悔至極！

兩位乘客看到船夫的表情更加難看，心裡更是害怕。可是他們互相鼓勵不要害怕，要鎮定。其中一個矮個子想到自己為兒子買了一枝玩具手槍，於是拿出來壯膽，另一位高個子則故意大聲暗示自己有十幾個弟兄在岸邊接應，如果到時候看不到他們上岸就會找江上的船夫算帳。

船夫聽到他們惡狠狠的話嚇了一大跳。可是他也絕不能輕易放棄反抗，如果錢被這兩個人搶去的話，那自己就

更對不起妻子了。他這樣想著，不料因用力過度將手中的船槳「嗙」的一聲折成了兩截。他一手拿著一半船槳怒視著兩位乘客。船夫的這一舉動嚇壞了兩位乘客，可是他們也不願意就此將自己辛辛苦苦賺來的血汗錢拱手相讓。於是他們決定做最後一搏。

高個子乘客相對來說比較有力氣，於是他站起來做了幾個功夫招式，然後用力一掌劈向船舷。船開始劇烈地搖晃，此時船夫想到了一個不得已的辦法——跳船，也許只有這個辦法可以逃生。兩位乘客雖說游泳的技術不好，可是此時也顧不得那麼多了，在船夫跳船的那一刻，他們也縱身跳到了江裡。

雙方都感到納悶，怎麼不見對方搶錢，反而跳進了水裡呢？矮個子乘客的水性不好，剛游了幾下就大呼救命。高個子一邊在水裡撲騰，一邊求船夫饒過他們，並說願意將身上的錢全部交出來。船夫還沒弄清怎麼回事，可是想到救人要緊，於是把兩位乘客一一救回船上。

上船後經過一番解釋，三人才知道這是一場誤會。大家不由得感慨：誤會的根源就是彼此懷疑，一次誤會差點使三人都不明不白地喪命。

相互懷疑常常會使人際交往形成一種惡性循環，許多原本很好的人際關係就是這樣被破壞的。人際交往永遠都是相互的，你給予對方真誠，對方也會與你坦誠相見；你懷疑別人，別人對你同樣不會信任。

禪林清音

不要因為對外物的愚疑而給自己帶來煩惱。

13. 請衣服吃飯

　　一休禪師有一位將軍弟子，有一天將軍請師父吃齋，一休禪師到達時，守衛的人不准他進去，因他穿著破爛的衣服。一休禪師沒有辦法，只好回去換了一件海青（大袍）袈裟，再去赴宴。

　　當用齋的時候，一休把菜一直往衣袖裡裝，將軍看見了很詫異，就說道：「師父！是不是家中有老母？或寺裡有大眾？等一會兒我令人再煮菜送去，現在請您先用啊！」

　　一休禪師道：「你今天是請衣服吃飯，並不是請我吃飯，所以我就給衣服吃！」

　　將軍聽不懂禪師的話中之意，一休禪師只得解釋道：「我第一次來的時候，因為穿了一件破舊法衣，你的守衛不准我進門，我只好回去換了這身新的袈裟，他才放我進來，既然以衣服新舊做迎接賓客的標準，所以我以為你是請衣服吃飯，我就給衣服吃嘛！」

・道破禪機・

不要以貌取人

　　有些時候很多人都會犯下以貌取人的錯誤。比如他們會對那些衣著光鮮的人表示出自己的羨慕和敬仰，而對那些外表樸素平凡的人則會投去輕蔑的一瞥。

　　很多人認為從外在形象中可以看出這個人的氣質修

養、才幹學識、品德操守 、身份地位等等，但事實證明，並非如此。

　　一對衣著簡陋的夫婦坐火車去了波士頓，到了目的地，他們直接進入哈佛大學。

　　「對不起，我們沒有預約。但是，我們想見校長。」那穿著破舊的手織套裝的丈夫輕聲地對秘書說。

　　秘書的眉頭微皺：「噢，校長，他整天都很忙。」

　　「沒關係，我們可以等他。」穿著褪色方格布衣的妻子微笑著說。

　　幾個小時過去了，秘書沒再答理他們。秘書不明白這對鄉下夫婦和哈佛大學會有什麼關係，她希望他們會氣餒，然後主動離開，可是他們沒有絲毫想走的意思，儘管不太清楚，秘書還是決定去打擾一下校長。

　　「可能，他們只需見您幾分鐘。」秘書對校長說。

　　校長的確很忙，他可能不會將太多時間花在費在那些看來無關緊要的人身上。儘管很忙，校長還是點頭同意會見他的客人。

　　女士告訴校長：「我們的兒子進入哈佛大學一年了，他愛哈佛大學，他在這裡很快樂。」

　　「夫人，謝謝你的兒子愛哈佛大學，您知道，哈佛大學的學生都愛哈佛大學。」校長說。

　　「可是在一年前，他意外地死了。」

　　「噢，聽到這個消息我很難過，真不幸，夫人。」

　　「我丈夫和我想學校的某個地方為他立一個紀念物。」

　　「非常遺憾，夫人！」校長被這個想法感動了，但

他說：「你知道，我們不可能為每一個進哈佛大學後死去的人豎立紀念物。如果這樣做，哈佛大學不就成公墓了嗎？」

「噢，對不起。先生！」女士趕緊解釋，「我們並不是想要豎立一尊雕像。我們只是想說我們願為哈佛大學建座樓。」

校長的目光落在這對夫婦粗糙簡陋的著裝上，驚叫道：「一棟樓！你們知道建座樓實際上要花費多少錢？僅僅是哈佛大學的自然植物，價值就超過750萬美元。」

校長為這遠道而來的夫婦感到悲哀，他們真是太幼稚了。女士沉默了，校長鬆了一口氣，他終於可以和這夫婦倆說再見了。

女士轉過身平靜地對她的丈夫說：「親愛的，這筆耗費不是可以另開一所大學嗎？為什麼我們不建立一所我們自己的學校呢？」

面對校長的一臉疑惑，她的丈夫坦然地點了點頭。

這對夫婦離開了，他們去了加州福尼亞州。在那裡，他們建立了以自己名字命名的大學——斯坦福大學。

敬人者人恒敬之，不論在什麼場合，永遠不要把外在形象當作惟一的標準和考慮因素，人不可貌相，海水不可斗量，人最要緊的是心靈，而非五官和肢體。

∴禪林清音∴

人最要緊的是心靈，而非五官和肢體。

14. 佛與牛糞

宋代的蘇東坡到金山寺和佛印禪師打坐參禪，蘇東坡覺得身心通暢，於是問禪師道：「禪師！你看我坐的樣子怎麼樣？」

「好莊嚴，像一尊佛！」

蘇東坡聽了非常高興。

佛印禪師接著問蘇東坡道：「學士！你看我坐的姿勢怎麼樣？」

蘇東坡從來不放過嘲弄禪師的機會，馬上回答說：「像一堆牛糞！」

佛印禪師聽了也很高興！

蘇東坡見禪師被自己喻為牛糞，竟無以為答，心中以為贏了佛印禪師，於是逢人便說：「我今天贏了！」

消息傳到他妹妹蘇小妹的耳中，妹妹就問道：「哥哥，你究竟是怎麼贏了禪師的？」

蘇東坡眉飛色舞，神采飛揚地如實敘述了一遍。

蘇小妹天資超人，才華出眾，她聽了蘇東坡得意的敘述之後，正色說道：

「哥哥，你輸了！禪師的心中如佛，所以他看你如佛，而你心中像牛糞，所以你看禪師才像牛糞！」

蘇東坡啞然，方知自己的禪功不及佛印禪師。

千萬不要嘲笑別人

蘇東坡從不放過嘲弄禪師的機會，他自以為贏了禪師，誰知道嘲弄了自己！嘲笑別人的行為是一種很容易傷害他人人格的行為，而嘲笑別人的人其實也是在侮辱自己的人格，只是他還不知道罷了。

也許要我們不嘲笑他人很容易做到，但是，我們無法要求別人，當別人嘲笑我們的時候，該怎麼辦呢？

菲爾普斯小時候家裡很窮，但在兩個是游泳隊員的姐姐的影響下，癡迷起游泳運動來。

當他把立志做一名游泳隊員的想法告訴父親時，卻遭到父親的強烈反對。

因為他的兩個姐姐已經是游泳隊員了，巨大的訓練費用早就讓這個貧困家庭不堪重負，在經濟低迷的一段時間裡，父親甚至得靠賣血來維持家用。父親聽到這話時，當場就給了他一巴掌，說道：

「你這個傻瓜，你知道白癡是怎麼出現的嗎？就是像你這樣想出來的，游泳？你以為人人都是天才嗎？別做夢了！」

但父親的話並沒有使他退縮，他還是和姐姐一起來到游泳池裡。一方面，他堅持每天到游泳池裡至少訓練兩個小時，另一方面，他在編織著未來的夢想。

有一天，當他把想成為游泳冠軍並環游世界的夢想告訴父親時，又招來父親的一頓嘲笑：

「想當游泳冠軍？還要環遊世界？你以為你是天才啊，別癡心妄想了，還是好好念你的書，將來找份工作養家糊口吧。」

而且，在學校，他也被同學們反覆嘲笑。他的母親曾回憶道：「我兒子的成長並非一路坦途……剛開始是他的大耳朵，然後是他的長臂，在哪裡他都不可避免地被關注、被嘲笑。」

面對嘲笑，菲爾普斯在沉默的同時，卻更加刻苦地訓練，他知道，成功將是對嘲笑的最好回答。

後來，菲爾普斯打破了200公尺蝶泳世界紀錄，成為最年輕的世界紀錄保持者，並贏得了「游泳神童」的美譽。在2008年北京奧運會上，他一人得了八塊金牌，創造了奧運歷史上的「奇蹟」。他被稱為奧運會開展游泳運動有史以來最偉大的全能運動員。

菲爾普斯成功後曾與別人談起，當時別人的嘲笑成了他的噩夢。但他在努力將夢想變成現實後，那些曾嘲笑過他的人，都轉而讚頌他、崇拜他。他的父親，後來也對他表示了深深的歉意。

很多人，在日常交往中，都不免遭受別人的嘲笑。而菲爾普斯的經歷告訴我們：當別人嘲笑你時，憤怒和消沉都無濟於事，努力進取才是消除嘲笑的唯一辦法。只有用自己的成功，才能讓那些嘲笑聲轉變成讚揚聲！

禪林清音

只有無能的人才會嘲笑你無能。

15. 溜之大吉的禪師

歸靜禪師是一位丹青妙手，他筆下的山川草木、花鳥魚蟲無不活靈活現，栩栩如生。

有一次，歸靜禪師去參加幾位文友的雅集，其中一位風流秀才攜妓前來。席間，數位江南名妓操琴鼓板，且歌且舞，其歌纏綿，其舞曼妙，風韻萬千，風情萬種。眾人皆醺醺然欲醉欲仙，唯有歸靜禪師默默靜坐，不為所動。

風流秀才出了一個餿主意，請歸靜禪師用昇華的妙筆，將歌妓們妙不可言的舞姿描繪下來。歸靜禪師斷然拒絕，說：「出家之人，隔牆聽到婦女的釵簪之聲，都是犯戒，何況當面為舞女作畫呢！」

秀才嬉皮笑臉說：「可是，你不但看了她們的舞蹈，還聽了她的歌聲，也已經破戒了，索性就再破一次吧！」

歸靜禪師說：「孔夫子說過：視而不見，聽而不聞，心不在焉。」

「你是不是心不在焉，有誰知道呢？」

秀才強詞奪理，眾人跟著起哄，非要歸靜禪師當眾揮毫不可。歸靜禪師說是準備筆墨，退到朋友的書房，關閉了房門，再也不肯出來。

秀才讓一位妓女坐在書房門口，半真半假說：「等那和尚出來，你就一把抱住他，看他如何！」

不知過了多久，總不見歸靜禪師出來，而且，書房裡連一丁點動靜都沒有。秀才捅開窗戶紙往裡一看，頓時嚇傻了──房樑上吊著一個人，一個光頭的人──自然是歸

靜禪師。

　　眾人急忙撞開房門，一擁而入，不由得再次驚呆了——哪裡有什麼人上吊呢，那不過是牆上的畫像——歸靜禪師的傑作。歸靜禪師呢？他趁著混亂，早已溜之大吉了。

·道破禪機·

恪守自己的原則

　　歸靜禪師是一個十分有自己原則的人，面對旁人的緊緊相逼，他非常聰明地畫了一幅「上吊圖」，為自己找了個機會溜之大吉。做人不能沒有原則，沒有了做人的原則，也就沒有了衡量對與錯的尺度，但做人更要會想辦法堅守自己的原則，不要讓外界的影響輕易破壞了它。

　　三百多年前，建築設計師克里斯托·萊伊恩受命設計了英國溫澤市政府大廳，他運用工程力學的知識，依據自己多年的實踐，巧妙地設計了只用一根柱子支撐的大廳天花板。但是一年以後，在進行工程驗收時，市政府的權威人士對次提出了質疑，並要求萊伊恩一定要再多加幾根柱子。

　　萊伊恩對自己的設計很有自信，因此他非常苦惱。堅持自己的主張吧，他們肯定會另找人修改設計；不堅持吧，又有違自己為人的準則。矛盾了很長時間，萊伊恩終於想出了一條妙計，他在大廳裡增加了四根柱子，但它們並未與天花板連接，只不過是裝裝樣子，糊弄那些自以為是的傢伙。

　　三百多年過去了，這個秘密始終沒有被發現。直到不久前市政府準備修繕天花板時，才發現萊伊恩當年的「弄虛作假」。

　　作為一個建築師，萊伊恩也許並不是最出色的，但作為一個自然人，他無疑非常偉大。這種偉大表現在他始終恪守著自己的原則，給心靈的高貴一個美麗的住所，哪怕是遭遇到最大的阻力，也要想辦法抵達勝利。我們需要學習萊伊恩的為人，做一個有原則的人，更要學習他做一個想方設法恪守自己原則的人。

‥禪林清音‥

　　能夠保持一種不亂的真心，佛性當下就會開顯。

16. 一切皆禪

　　有一位雲水僧，聽人傳說無相禪師禪道高妙，想和其辯論禪法。他來時正趕上禪師外出，侍者小沙彌出來接待，說道：「禪師不在，有事我可以代勞。」

　　雲水僧說：「你年紀太小不行。」

　　侍者沙彌說：「年齡雖小，智能不小哦！」

　　雲水僧一聽，覺得還不錯，便用手指比了個小圈圈，向前一指。侍者攤開雙手，劃了個大圓圈，雲水僧伸出一根指頭，侍者伸出五根指頭。雲水僧再伸出三根手指，侍者用手在眼睛上比了一下。

　　雲水僧誠惶誠恐地跪了下來，頂禮三拜，轉頭就走。雲水僧心裡想：我用手比了個小圈圈，向前一指，是想問

他，你胸量有多大？他攤開雙手，劃了個大圈，說有大海那麼大。我又伸出一指問他自身如何？他伸出五指說受持五戒。我再伸出三指問他三界如何？他指指眼睛說三界就在眼裡。一個侍者尚且這麼高明，無相禪師的修行就更加高深，想想還是走為上策。

後來，無相禪師回來了，侍者就彙報了接待雲水僧的經過，說：

「報告師父！不知那位雲水僧是怎麼知道我俗家是賣餅的。他用手比個小圈圈說，你家的餅只這麼大一點。我即攤開雙手說，有這麼大呢！他伸出一指說，一個一文錢嗎？我伸出五指說五文錢才能買一個。又伸出三指說，三文錢可以嗎？我想太沒良心了，便指著眼睛，怪他不識貨。沒想到，他卻嚇得逃走了！」

無相禪師聽後說：「一切皆法也，一切皆禪也！」

‥道破禪機‥

說者無意，聽者有心

俗語云：「說者無心，聽者有意。」侍者的一番比劃本不是雲水僧理解的意思，但是聽到了雲水僧的耳朵裡，卻完全變了模樣。我們在生活中也經常會遇到「說者無意，聽者有心」的事情，所以在說話辦事的時候一定要顧慮周全，否則就會引起一些不必要的不快。

甲、與丙、丁二位好友飲坐一家小飯館。

酒過半酣，鄰桌一孤座老人樣子很友好地向甲乙丙三人問道：「你們是幹什麼的？」

「你看呢？」甲反問一句，算是禮貌應對。

「你們是大學生？」老人的語氣不太肯定，似乎期待著甲乙丙的確認。

丙心直口快，立即應聲說道：「你看得真準啊！」

老人突然變色，有點生氣地追問道：「你說什麼？」

丁解釋道：「他說你一眼就看出我們是幹什麼的了。」

甲討好似地接著補充了一句：「你真是獨具慧眼！」

老人大怒，罵道：「你們幾個混侅，憑什麼惡語傷我？我招你們、惹你們了？沒有教養！」

甲乙丙三人面面相覷，無言以對，在各自的心中好像冒出同一個問話：我們怎麼了？

老人用手翻動左眼，扣出一個人造眼球，厲聲說道：「你們看到我只有一隻眼好用，拐著彎子，變著法子罵我！你們以為你們有學識，我聽不出你們的含沙射影？」

任憑甲乙丙後來怎麼解釋，老人也沒有消氣，最後還是罵罵咧咧地離開了那個飯館。

我們不可能每句話說得漂亮、說得完美，但是至少我們要儘量做到不戳人家的痛處。

甲乙丙三人雖然是無意，但畢竟犯了禁忌，所謂說者無意，聽者有心，如果不注意說話的方式，很容易就把一段好好的人脈關係弄僵了。所以，在生活中，說話辦事時我們一定要考慮周全，不要因小失大。

┌─ 禪林清音 ─┐

一切皆法，一切皆禪！

17. 舌之因果

　　從前有位僧侶，他的徒弟是個懶蟲，老是睡到日上三竿。有一天他叫醒徒弟，並對他大叫：「你還睡，連烏龜都已經爬到池塘外邊曬太陽了！」

　　這時，有個人想要抓些烏龜給母親治病，他聽到僧侶的話後，就趕到池塘邊。果然，有許多烏龜正趴在太陽底下。他抓了幾隻烏龜，為母親燉了湯。為了感謝僧侶，他帶了些烏龜湯給他。僧侶卻對烏龜的死感到愧疚，於是發誓不再說話。

　　過了些日子，當這位僧侶坐在寺廟前，他看見一位盲人朝著池塘走了過去。他原本想要叫盲人不要再往前走，但他記起了他的誓言，決定保持沉默。

　　正當他的內心在交戰時，盲人卻已經掉到了池塘裡了。這件事讓僧侶感到難過，他才明白人活在這個世界上，不能一味地保持沉默或喋喋不休。

·:·道破禪機·:·

在適當的時機說適當的話

　　舌生於自己的口中，我們應要做到的是成為舌的主宰者，而不是讓它去主宰自己的心靈，要說得其所，要說得智慧。這樣，便不會因禍福而受牽制。

　　范雎逃離魏國，來到秦國，由於結識王稽見到了秦昭王。昭王知道他賢明，摒退身邊的人，單獨與他秘密商

談國家大事，首先對他說：「有幸請得先生教導我。」范睢只唯唯諾諾而已，不說一句話。昭王再請他談話，還是如此，一連三次都是如此。到第四次，范睢只憑空大放闕詞。到第五次，才著上邊際。第六次，暢談外事仍不涉及於內事。等到拜他為客卿，採用他的話有幾年了，他自己有充分把握了，才痛陳內事。於是廢除太后，驅逐穰侯、高陵、華陽、涇陽君到關外。

范睢之所以這樣，是因為當時秦國內有太后專橫，外有穰侯的跋扈，再有高陵、華陽、涇陽君的為虎作倀，所以他不敢與秦昭王深談，只能逐步地談，一邊等待時機，避免說話達不到目的，反而招禍。

衛國有人娶了個新娘子。在迎娶的時候，新娘子一上車就問：「這兩邊拉車的馬是誰家的？」趕車的人說：「是向人家借的。」於是新娘子對僕人說：「要愛護兩邊的馬，也不要鞭打中間的馬。」車子到了婆家的門口，新娘子剛被扶下車，就吩咐伴娘道：「把爐子裡的火滅掉，小心不要失了火！」等到進了屋，她看見屋裡有一個搗米用的石臼，就又說道：「把它搬到窗子底下去，它太妨礙人的走動了！」結果，這位新娘子遭到了婆家人的嘲笑。

故事結束後，有古人評論道：「此三言者，皆要言也，然而不免為笑者，蚤晚之時失也。」意思是說，這三句話都是很要緊的，可是這新娘子仍不免被人笑話，是因為她說話的時機不對。

舌乃六根之一，因舌而禍，因舌而福的事情數不勝數。不幸的是，對大部分人而言，舌頭變成了主宰，總是不能在最適宜的時機，說出最適宜的話，如何改變這種情

況呢？我們在說話的時候可以參考下面三個原則：

第一，該說的對象便說，不該說的對象則不說。在說話前，我們要看對象，不要動輒就把自己心裡的話囫圇說出。比如，有需要求人之事，遇到肯熱心幫忙的人則說，否則便不能說；有些事遇到性格沉穩之人可以說，遇上性情暴躁的人則不能說；對於性格靦腆的人不要亂開玩笑；對於有生理缺陷的人不要涉及相關的話題；對於妒忌心強的人不要談論自己和別人的成就；對於異性不要用容易引起誤會的措辭等。

第二，該說的事情便說，不該說的事情則不說。在說話的時候，有些事情是可以說的，有些則是最好不說的，要把握好分寸。比如，可以談眾所周知之事，不能談別人的隱私；背後可以談別人的優點，不可談別人的過錯；可以談既成的事實，不可空談今後的打算；可以談對方感興趣的事，不可談對方忌諱的事等。

第三，該說的時候便說，不該說的時候則不說。說話的時機非常重要，同樣一句話，時機不一樣，效果也不一樣。因此，在對方心情舒暢時可以談求助之事，在對方心煩意亂時則不談；在對方情緒低落時可以談令對方振作之事，遇對方興致很高時不可談令對方掃興之事；在對方喜慶的日子不談不吉利之事，在對方哀傷的時候不談惹人歡笑之事……總之，在說話之前，要三思而行。

禪林清音

我們必須使用智慧，才能生存在這個世界上。

第四篇　天堂地獄　一念之間

1. 寸絲不掛

　　溫州的玄機尼師，曾在大日山石窟裡修習禪定。有一天忽然感歎道：「真如法性清湛澄明，無去無往。厭喧趨寂，怎麼能算得上是了悟呢？」於是便去參訪雪峰禪師。

　　雪峰問道：「你從什麼地方來？」

　　玄機說：「從大日山來。」

　　雪峰微笑，在話裡接著探問他道：「日出了沒有？」意思是問他是否悟到了什麼禪理。

　　玄機以為雪峰在試探他，於是反戈相譏道：「如果日出，就會把雪峰融化掉。」

　　雪峰微微一笑，再問道：「你叫什麼？」

　　「玄機。」

　　雪峰看他心裡裝的東西太多，想提醒一下他，於是裝作繼續勘驗他的悟境，問道：「既然是玄妙的機子，每天能織多少布？」

　　玄機自負道：「寸絲不掛。」

　　雪峰看他這樣固執，不由得感歎道：「我用機鋒來提醒他，他卻和我大逞口舌之快，不知心裡有多少蛛絲！」

　　玄機看雪峰無話可說，便得意地行禮告退。才走幾

步，雪峰突然叫道：「袈裟角拖地了。」

玄機聽了，急忙回頭察看，只見袈裟好好地披在肩上。

只聽雪峰笑道：「好一個寸絲不掛！」

·道破禪機·

生活簡單一些好

故事中的「寸絲不掛」隱喻佛經所謂「無掛無礙」的境界，意為空靈的心境，不染一絲塵埃。

玄機自負地認為自己「寸絲不掛」，可是當他聽說自己的袈裟拖在地上，就急忙回頭，可見心中牽掛的東西太多，豈止「一絲」？對於世人而言，這個故事告誡我們，生活、做事還是簡單一些好，有時候不需要思考太多、牽掛太多、顧慮太多。

過去圓珠筆有個缺點，大約寫到二十萬字的時候就要漏油。專家們絞盡腦汁，提出各種解決方案，或改進圓珠品質，或提高油墨性能，或重新設計筆的結構。但這些方案都會大大提高圓珠筆的成本。

專家們正在為難，日本青年工人渡邊卻想出了一個十分簡單的方法：縮短筆芯，寫到十九萬字的時候油就用完了。既然一支圓珠筆寫不到二十萬字，它也就不會漏油了。

有些問題沒有人們想像得那麼複雜，可以很簡單地解決，會用最簡單的方法解決問題的人，才是真正智慧的人。

同樣是關於圓珠筆的故事：當年美國發射太空梭後，發現帶到天上去的圓珠筆在失重狀態下根本無法寫字。於是，美國科學家花了好幾年時間、數千萬美元，終於研製出了能在太空中寫出字來的圓珠筆。

後來蘇聯也發射了太空梭，美國人到蘇聯訪問時就問他們是怎樣解決這個問題的。蘇聯人反問美國人：「為什麼要用圓珠筆，帶支鉛筆不就行了？」

生活、做事還是簡單一些好，簡單處世是一種哲學，一種真正的大智慧。

·:·禪林清音·:·

每個人心裡都有禪心的種子，為何不讓它長成大樹。

2. 愛抱怨的和尚

相傳，有個寺院的住持，給寺院裡立下了一個特別的規矩：每到年底，寺院裡的和尚都要面對住持說兩個字。

第一年年底，住持問新和尚心裡最想說什麼，新和尚說：「床硬。」

第二年年底，住持又問他心裡最想說什麼，他回答說：「食劣。」

第三年年底，他沒等住持問便說：「告辭。」

住持望著新和尚的背影自言自語地說：「心中有魔，難成正果，可惜！可惜！」

∴道破禪機∴

對生活少一點抱怨

新和尚對待世事持一種消極的心態，所以才不能安於現狀，一味抱怨，而他的抱怨，也讓他失去了修成正果的機會。對生活少一點抱怨吧，它是一種最消耗能量的無益舉動，把抱怨變成接納，變成欣賞，你的人生也會更加地美好、圓滿。

在一個平凡的小鎮上，有一大道美麗的玫瑰花牆——它足有半人多高，每到春天便開滿了美麗的玫瑰花，它是這家的男主人克里夫先生生前種植的。可是，克里夫太太的脾氣卻是出了名的不好，她常常和克里夫先生為了一點兒瑣事爭吵，抱怨克里夫早餐做鹹了，院子忘了掃了……克里夫先生去世後，她的脾氣更壞了，而且經常自己生悶氣，認為這個世界充滿了不公平，抱怨不已，因此鎮上的人都儘量避免招惹她。

一個陽光明媚的午後，克里夫太太正坐在院子裡小憩，玫瑰花牆上綴滿了美麗的玫瑰花。突然，她被一陣響聲驚醒，睜眼一看，玫瑰花牆外有一個人影閃過。克里夫太太厲聲喝道：「是誰？站住！」

那人站住了，是個孩子。

克里夫太太又喝道：「過來！」

那孩子慢慢挪了出來。

克里夫太太認出了他是7歲的小吉米，住在街對面拐

角處的窮孩子，他的身後似乎藏著什麼東西。

「那是什麼？」克里夫太太厲聲問道。

小男孩猶猶豫豫地把身後的東西拿了出來——一朵玫瑰花，一朵已經快要凋謝的玫瑰花，那耷（ㄉㄚ）拉（下垂的樣子）著的花瓣顯示出它的虛弱。

「你是來偷花的嗎？」克里夫太太嚴厲地問道。

小男孩低著頭，侷促不安的搓弄著衣角，一言不發。

克里夫太太有些不耐煩了，她揮揮手說：「你走吧！」

這時，小男孩抬起頭來，怯生生地問道：「請問，我可以把它帶走嗎？就是那朵快要凋謝的玫瑰花，似乎輕輕一碰，花瓣就會落了的玫瑰花？」

「那你先告訴我，你要它幹什麼？」

「是……是的，夫人。」

「女孩子？」

「……」

「你不應該送她這樣一朵玫瑰花。」克里夫太太的語氣溫和了些，「告訴我，你把它送給誰？」

吉米遲疑了一會兒，用手指了指不遠處的一個小閣樓，那是他的家。

克里夫太太這才想起他有一個5歲的小妹妹，一生下來就有病，一直躺在床上。

「你妹妹？」

「是的，夫人。」

「為什麼？」

「因……因為妹妹能從床邊的窗戶看到這道玫瑰花

牆，她每天都出神的看著這裡。有一天，她說：『那裡就是天堂吧，真想到那裡去聞聞天堂的味道！』」

克里夫太太怔住了——天堂？這裡——低矮的木屋？從前，自己整天與克里夫為了一些瑣事爭吵，不停地抱怨這低矮的木屋、破舊的傢俱、難看的瓷器……一切的一切，自己無數次抱怨這裡簡直是可怕的地獄，而對克里夫種植的玫瑰花卻從未留意過。自己究竟錯過了什麼？錯過了多少？

我們的生活不是完美的，也沒有一種生活會讓一個人完全滿意，儘量對生活少一點抱怨吧，你會發現「天堂」就在自己的身邊。

【‥禪林清音‥】

因果不曾虧欠過我們什麼，所以請不要抱怨。

3. 人生之路

丹青妙手歸靜禪師因其精湛的繪畫技藝而聲明遠揚，皇帝知道後，一紙詔書將他請到了京城，住進了皇家的御花園。皇帝說：「聽說你的繪畫很神奇，你能用一幅畫描繪出人生之路嗎？」

人生之路，豈能用圖畫描繪？然而，歸靜禪師卻點了點頭，說，試試吧。

一天、兩天過去了，歸靜禪師待在畫室，毫無動靜。十天、半個月過去了，歸靜禪師說仍未畫好。而且，他的畫室整天門窗緊閉，不允許任何人進來。

莫非其中隱藏著什麼奧妙？

半年時光悠然而逝，初春的萌芽已經變成了飄飄黃葉。皇帝再次召見歸靜禪師，急切地說：「我對你的那幅畫越來越感興趣了，不知你何時能畫好？」

歸靜禪師微微一笑，說：「我的畫已經準備好了，但是，不知欣賞畫的人準備好了沒有？」

皇帝急不可耐地跟著歸靜禪師來到畫室。歸景禪師說：「不用進屋，站在大門口，在遠處欣賞就可以了。」

說著，他推開門。於是，畫室之內，整整一面牆的壁畫撲面而來。

畫面上，山峰聳立，溝壑縱橫，溪流回轉，林木蔥蘢。畫面正中是一座房子，房子向外開了一扇門，門外，一條小路蜿蜒在林木叢中。它彎彎曲曲，曲曲彎彎，忽左忽右，忽上忽下，時寬時窄，時隱時現，隱沒在一抹遠山裡，不知它通向哪裡，更不知它終於何方……

皇帝指著小路問道：「那是一條什麼路？」

歸靜禪師說：「這就是人生之路。」

皇帝又問：「它通向何處？」

歸靜禪師說：「我去看看。」

歸靜禪師竟然真的走進了畫中，通過那扇門，踏上小路，走向遙遠，漸漸消失在一痕遠山的青黛之中……

皇帝等了很長時間，歸靜禪師卻一直沒有回來。他好奇地走進畫室，走到壁畫前面。他驚訝地發現，那扇門居然是真的！真的是在牆上開出了一扇門！門外蜿蜒的小路，就是園林中的曲折的花徑！小路通向的遠方群山，自然是園林外面真實的山山水水！

︰·道破禪機·︰

人生沒有退路

　　歸靜禪師走入畫中那條人生之路之後，再也沒有歸來，是的，這意味著人生沒有退路，只能不斷前進，這也是人生之路最好的詮釋。

　　一位中國留學生剛到澳洲，家裡就發生了巨大的變故——父母雙雙失業。這意味著沒有人可以供他讀完大學，他也無路可退，必須要依靠自己生存下來。為了找到一份能夠糊口的工作，他騎著一輛舊自行車沿著環澳公路走了數日。

　　留學生算了一下自己一年的開銷和可以工作的日子，他知道自己必須找一份年薪三萬五的工作，否則去餐館打工、替人放養等等零工完全無法養活自己。一天，他看見報紙上刊出了一家公司招聘線路監控員的啟事，年薪正好三萬五。

　　留學生心動了，他知道自己沒有退路，必須得到這個機會。他過五關斬六將，眼看就要得到那年薪三萬五的職位了，不想招聘主管卻出人意料地問他：「你有車嗎？你會開車嗎？我們這份工作時常外出，沒有車寸步難行。」

　　澳洲公民普遍擁有私家車，無車者寥若星辰，可是這位留學生初來乍到還屬無車族。前進？還是後退？為了爭取這個極具誘惑力的工作，他不假思索地回答：「有！會！」

　　「4天後，開著你的車來上班。」主管說。

4天之內要買車、學車談何容易，但為了生存，留學生豁出去了。他在朋友那裡借了500澳元，從舊車市場買了一輛外表醜陋的「甲殼蟲」。第一天他跟朋友學簡單的駕駛技術；第二天在朋友屋後的那塊大草坪上模擬練習；第三天歪歪斜斜地開著車上了公路；第四天他居然駕車去公司報了到。

時至今日，他已經完成了學業，回國後成了某知名企業的業務主管了。

人生沒有退路，出國後舉目無親的留學生沒有退路——他不可能剛出國就灰溜溜的回國，父母沒有工作，而他在回國後也不會有什麼好的發展；在選擇工作的時候也沒有退路——只有找到年薪三萬五以上的工作他才可以生存！於是，在人生之路上，他集中精力奮勇向前，終於在生活中爭得屬於自己的位置。

人生是沒有退路的，鼓足勇氣奮勇向前吧，只有前進才是唯一的機會！

∴禪林清音∴

修禪，其實就是學做人，會做人了，禪性也就出來了。

4. 禪之味道

一日，著名教育家夏丏尊先生前來拜訪弘一大師（李叔同），恰逢弘一大師正在吃飯。夏先生見他只吃一道鹹菜，不忍心地問道：「難道您不嫌這鹹菜太鹹嗎？」

弘一大師回答：「鹹有鹹的味道！」

過了一會兒，弘一大師吃好後，手裡端著一杯涼水，夏先生又皺皺眉頭說：「難道沒有茶葉嗎？怎麼每天都喝這平淡的水啊？」

弘一大師笑一笑說：「涼水雖淡，但淡也有淡的味道。」

·道破禪機·

生活五味，坦然接受

弘一大師的境界易經超越了鹹與淡的分別，這超越並不是沒有味覺，而是真正能夠品味鹹菜的好滋味與水的真清涼。

我們在生活中也要學會品嘗各種遭遇的個中滋味，甜蜜、酸澀、苦楚、淡泊都要學著坦然面對。

小沙彌和老和尚外出遊歷，看到了一些假日垂釣者。這些垂釣者一大早出門，夕陽之下拎著空空的魚簍回家的時候，仍是一路歡歌。小沙彌不僅訝然，問師父：「付出了一天的等待卻一無所獲，怎麼他們還可以這般快樂滿懷？」

師父的回答是：「魚不咬鉤那是魚的事，釣魚人卻釣上來一天的快樂！對釣魚的人來說，原來最好的那條魚便是自己的快樂。」

他們接著走，看到了一些下零點班的紡織女工。女工寫滿倦意的臉上交織著與朝霞一樣燦爛的笑靨。小沙彌問師父：「這些女工不覺得辛苦嗎？女孩子從事這種職業也

不是最讓人滿意的呀！」

師父的回答是：「公主永遠只有一個。但如果沒人為她織出那麼多彩錦，一個公主也沒有哇！對織布的人來說，原來最美的那匹布卻是穿在了自己的身上。」

他們接著走，看到了一個掃了三十幾年大街的老伯。老伯每天把一條長長的大街掃得一塵不染，讓上早班的人粲然走過。小沙彌問師父：「這麼幾十年這樣平平淡淡地過，這老伯可以說是這小城裡生活的最不順心的一個了。」

師父的回答是：「這條街只有這個老伯掃得最乾淨。對掃街的人來說，掃得最清潔的恰恰是自己的心靈。」

有許多人面對生活的酸甜苦辣抱怨不迭，他們擁有跟小沙彌一樣的疑問「為什麼我付出了一天的時間卻一無所獲」，「為什麼我不能做公主卻要做女工」，「為什麼我只能掃大街」，於是這些人開始感歎活著真叫累，活著真叫煩……其實，生活很美麗，之所以覺得生活很累，很煩，是因為不能夠坦然地接受生活的五味。

如果每個人能夠像老禪師一樣，讓同樣的生活場景在自己的視野下呈現出不同的面貌，那麼就能體會到生活之美。坦然地面對生活吧，無論酸甜苦辣，都笑著去面對，笑著去接受，這樣你的人生就會跟著幸福和美滿。

‥禪林清音‥

清心靠自己感悟，清心靠自己尋找，清心靠自我調整。

5. 飛來佛

南京棲霞山的棲霞山寺，被譽為是六朝聖地，千佛名藍的道場。

棲霞山以石刻的千尊佛像工程為最大，在無人能攀上的最高山峰頂上，有一尊站立著的佛像，莊嚴生動，在峰下經過的人，無不舉目上視。

某年，有一信徒參觀棲霞山時，見到峰頂上的佛像，就問引導的卓成禪師道：「老禪師，那尊佛叫什麼名字？」

卓成禪師回答道：「哦，那尊佛叫飛來佛。」老禪師的意思是說那個山峰很高，人沒辦法爬上去雕刻，這尊佛應該是從別處飛來的。

信徒聽後，很好奇地又問道：「既然是飛來的，為什麼又不飛去呢？」

卓成禪師道：「一動不如一靜。」

信徒再問道：「為什麼要『靜』在這裡呢？」

禪師回答道：「既來之，則安之。」

道破禪機

學會隨遇而安地生活

佛祖都能夠既來之則安之，我們為什麼不能夠隨遇而安地生活呢？滿目青山是禪，茫茫大地是禪，浩浩長江是禪，潺潺溪水是禪，青山翠竹是禪，鬱鬱黃花是禪。人生

旅途上，很多時候我們無法選擇自己的生活，因此更要學會隨遇而安。

一天，兩兄弟乘坐的船偏離了航向，來到了一個國家。這個國家的人都不穿衣服，稱作「裸人國」。

弟弟說：「這兒的風俗習慣與我們完全不同，想要生活可實在不容易啊！不過俗話說：『隨遇而安』，只要我們小心謹慎、講話謙虛，照著他們的風俗習慣辦事，想必不會有什麼問題。」

哥哥卻說：「無論到什麼地方，禮儀不可不講，德行不可不求。難道我們也光著身子與他們往來嗎？這太傷風敗俗了。」

弟弟說：「古代不少賢人，雖然形體上有所變化，但行為卻十分正直。所謂『殞身不殞行』，這也是戒律所允許的。」

哥哥說：「這樣吧，你先去看看情形如何，然後派人告訴我。」

弟弟答應道：「是！」於是弟弟先進入裸人國。

過了十來天，弟弟派人告訴哥哥：「一定得按當地的風俗習慣才能生活在那裡。」

哥哥生氣地叫道：「不做人，而要照著畜生的樣子行事，這難道是君子應該做的嗎？我絕不能像弟弟這樣做。」

裸人國的風俗，每月初一、十五的晚上，大家用麻油擦頭，用白土在身上畫上各種圖案，戴上各種裝飾品，敲擊著石頭，男男女女手拉著手，唱歌跳舞。弟弟也學著他們的樣子，與他們一起歡歌曼舞。裸人國的人們，無論是

國王，還是普通百姓，都十分喜歡弟弟，關係非常融洽。

哥哥也來了，他滿口仁義道德，指責裸人國的人這也不對，那也不好，引起國王及人民的憤怒，大家把他抓住，狠狠地揍了一頓，全虧了弟弟說情，才把他放了。

兄弟兩人準備動身回國，裸人國的人都熱情地跑來為弟弟送行，對哥哥卻是罵不絕口。哥哥氣壞了，卻也無可奈何。

隨時、隨性、隨遇、隨緣、隨喜，隨遇而安地生活，這是需要對生活有多麼透徹的認識後，才能形成的大徹大悟啊！

｛∴禪林清音∴｝

滿目青山是禪，茫茫大地是禪，浩浩長江是禪，潺潺溪水是禪，青山翠竹是禪，鬱鬱黃花是禪。

6. 嚴修苦練的禪師

無獨有偶，魯南青山寺的一位禪師，早年就給自己規定：每天誦讀經文三百句、背誦古詩四句、寫作古體詩四句，寫作的時候要用毛筆寫正楷，以便練習書法，陶冶情操；另外，在每一天裡，他務必還在清晨和晚上各練習半小時的拳腳，上下石階二百階，風雨無阻、從不懈怠……既注重心靈營養、又不誤身體的鍛鍊。

他在八十多歲高齡的時候，仍然是耳不聾，眼不花，鶴髮童顏、紅光滿面。談到人生世事、詩歌經文，他揮筆寫下筆勢清圓、筆劃遒美的兩行字：有文有武伴百年，無

怨無悔每一天。

每天過得充實一點

魯南青山寺的禪師每天生活得非常充實，所以他最後才能給自己寫下那句「無怨無悔每一天」！那麼，生活中的你呢？每天你自己的生活是如何安排的呢？是否非常充實？只有充實地過每一天，才能到最後總結人生的時候，無憾地對自己說「無怨無悔」！

一個叫炎圭的苦行僧從東海之濱起身，沿著赤道去西天取經。他每天與太陽一起動身，在太陽剛剛升起的時候，就行色匆匆地向西走，而且越走越快，似乎要趕上自己的影子，踩住自己的影子。

直到正午時分，他的身影終於被他趕上、踩在他的腳下，他才坐下來，坐在自己的身影上吃點東西喝口水。然後又開始與自己賽跑。他奔走的速度越來越快，一心一意地想拋下自己的身影。

直到日落西山，他身後的影子真的不見了，他才找個棲身之處，酣酣地睡上一覺。太陽再次升起時，他又動身起步開始新一天的征程，週而復始地與自己的影子賽跑。

據說，炎圭和尚是繼玄奘之後又一個隻身抵達西天印度的僧人，而與玄奘不同的是，他是沿著赤道西行的。況且，玄奘用了整整十七年的時間，而炎圭僅用了三年的時間。

炎圭和青山寺的禪師一樣，每天都對自己嚴格要求，

每一分鐘都不浪費，因此，他比玄奘西行的時間短了很多很多。如果我們每天把自己的生活安排得更為充實，那麼日積月累下來，我們也會比其他人領先很多！所以，讓自己的生活充實起來吧，每一分鐘都不要浪費，用全身心的愛來擁抱生活，這樣才不會虧待自己的生命！

∵禪林清音∵

禪即是要世人透過真理使人迷而知返，看住自己的心念，用真心看住妄心，無得自性。

7. 誰的寺院大

韓國代表佛寶的通度寺，因收藏佛陀穿過的袈裟，擁地兩千餘畝，另一代表法寶的海印寺，因收藏全部藏經木刻版，擁有土地四千餘畝。這兩寺的禪者，在行腳的途中認識，他們就結伴同行。途中，坐在一棵樹下，談起自己的寺院，便互相比較起自己寺院的大。

通度寺的禪者先開口說：「我們通度寺之大及住眾之多可能在全國第一。」

海印寺的禪者不相信地問道：「何以見得？」

通度寺的禪者解釋道：「我每次供應飯菜，必得坐船去舀湯呢！」

海印寺的禪者也不甘示弱地說：「我們海印寺才大呢！可以說，在韓國的寺院叢林，沒有一個比得上海印寺！」

通度寺的禪者也不信，用懷疑的口氣問道：「何以見

得呢？」

海印寺的禪師想了一下，說道：「我們在海印寺上廁所大解時，要等三分鐘後才能聽到糞便掉到糞池的聲音。」

這時想不到另外一棵樹下坐著松廣寺的一位禪者，很不以為然地說道：「我們松廣寺才大呢！我們常住的禪者個個擁有了虛空，你們能走得出虛空嗎？」

∵道破禪機∵

遠離攀比的泥沼

通度寺和海印寺的兩個和尚都沒能走出虛空，他們互相攀比，牛皮一個比一個吹得大，殊不知，如此的攀比之心會讓他們與真正的禪心越離越遠。在現實生活中，許多人也非常愛攀比，攀比是人生煩惱、疲憊的根源之一，如果想獲得真正幸福，最好不要隨意攀比，否也會離美好的生活越來越遠。

森林王國國王接到下屬密報：因近來森林裡有人不安心守本，帶頭攀比，以至三百年來一直欣欣向榮，綠波蕩漾的森林最近突然一派死氣，花和樹都相繼枯萎。國王化成蝴蝶飛達森林，微服私訪，探問根源，為及時對症下藥，以維護森林之國的自然和諧！

蝴蝶問橡樹說：「昨天你還好好的，怎麼突然就枯萎了？」

橡樹有氣無力地說：「我沒有松樹高，於是我不停地往上拔自己，結果我的根脫離了土壤……」

蝴蝶問松樹：「你比別人高為什麼也枯萎了？」

松樹說：「我不能和葡萄一樣結果，很難受，吃不下東西，就成這個樣子。」

蝴蝶更詫異地問葡萄：「連松樹都羨慕你，你怎麼也氣息奄奄了？」

葡萄說：「我多麼想開出絢麗的花啊，我心裡真是不平衡。」

蝴蝶十分憂心地詢問了半天，不經意欣慰地發現一棵茂盛快樂的小草，連忙問：「小傢伙，你叫什麼名字？」

小草搖頭晃腦地回答：「我叫安心草。」

蝴蝶繼續問：「別的植物都快枯萎了，只有你還茁壯成長，這是為什麼？」

安心草調皮地回答：「我怎麼知道？我從來就只知道安安心心地做一棵安心的小草！」

有幾個人能做到不與人攀比，做一棵安心的小草？現在大多數人都有一種虛榮心，愛攀比，比勝了，似乎能證明自己有多麼得高人一等。

其實，攀比，永遠不會證明你的強大，不假思索的攀比只是缺乏自信的表現，真正的強者不會注意自己比別人強在哪裡，而是安守本分，努力進取。所以，趕快跳出攀比的泥沼吧，人生原本就春夏秋冬，生活從來就酸甜苦辣，生命依然還需知足常樂，要想笑看人生，獲取幸福生活，真的不能隨意攀比。

禪林清音

心如虛空，量周沙界。

8. 兩個乞丐

在一座寺院裡，有一個樂善好施的方丈。

確一天，一個只有一隻手的乞丐來向方丈乞討，方丈毫不客氣地指著門前一堆磚對乞丐說：「你幫我把這磚搬到後院去吧。」

乞丐生氣地說：「我只有一隻手，怎麼搬呢？不願給就不給，何必捉弄人呢？」

方丈什麼話也沒說，用一隻手搬起一塊磚，說道：「這樣的事一隻手也能做的！」

乞丐只好用一隻手搬起磚來。他整整搬了兩個小時，才把磚搬完。

方丈遞給乞丐一些銀子，乞丐用手接過錢，很感激地說：「謝謝你！」

方丈說：「不用謝我，這是你自己賺到的錢。」

乞丐說：「我不會忘記你的。」說完深深地鞠了一躬，就上路了。

過了一會兒，又有一個乞丐來到了寺院乞討。

方丈把他帶到屋後，指著磚堆對他說：「把磚搬到屋前就給你一些銀子。」

但是，這位雙手健全的乞丐卻鄙夷地走開了。

弟子不解地問方丈：「上次你叫乞丐把磚從屋前搬到屋後，這次你又叫乞丐把磚從屋後搬到屋前，你到底想把磚放在屋後，還是屋前？」

方丈對弟子說：「磚放在屋前和放在屋後都一樣，可

是搬不搬對乞丐來說就不一樣了。只要願意付出，就會得到回報；如果只想坐享其成，等人施捨，那麼只能成為乞丐。」

幾年後，一個很體面的人來到了寺院。他氣度不凡，美中不足的是，這人只有一隻左手，他就是用一隻手搬磚的那個乞丐。自從方丈讓他搬磚以後，他明白了付出才有回報的道理，終於變成了一個富翁。這次他為寺院捐獻了一大筆錢。

就在走出寺院時，他碰到了一個乞丐向他乞討。那個乞丐就是原先那個雙手健全的乞丐——他現在依然還是乞丐。

··道破禪機··

付出才會有回報

富翁並不是天生就是富翁，乞丐也不是天生就是乞丐。

許多富翁之所以能成為富翁，是因為他們付出了辛勞；許多乞丐之所以會成為乞丐，是因為他們喜歡坐享其成。只有付出，才會有回報，這是不變的定理。

某人在沙漠中穿行，遇到暴風沙，迷失了方向。

兩天後，烈火般的乾渴幾乎摧毀了他生存的意志。沙漠彷彿一座極大的火爐，要蒸乾他周身的血液。

絕望中的他卻意外地發現了一幢廢棄的小屋。他拼足了最後的氣力，才拖著疲憊不堪的身子，爬進堆滿枯木的小屋。定眼一看，枯木中隱藏著一架抽水機，他立即興奮

起來，撥開枯木，上前汲水。但折騰了好大一陣子，也沒能抽出半滴水來。

絕望再一次襲上心頭，他頹然坐地，卻看見抽水機旁有個小瓶子，瓶口用軟木塞堵著，瓶上貼了一張泛黃的紙條。

上邊寫著：你必須用水灌入抽水機才能引水！不要忘了，在你離開前，請再將瓶子裡的水裝滿！

他拔開瓶塞，望著滿瓶救命的水，早已乾渴的內心立刻爆發了一場生死決戰：我只要將瓶裡的水喝掉，雖然能不能活著走出沙漠還很難說，但起碼能活著走出這間屋子！倘若把瓶中救命的水倒入抽水機內，或許能得到更多的水，但萬一汲不上水，我恐怕連這間小屋也走不出去了……

思考再三之後，他把整瓶的水，全部灌入那架破舊不堪的抽水機裡，接著用顫抖的雙手開始汲水……水真得湧了出來！他痛痛快快地喝了一頓，然後把瓶子裝滿水，用軟木塞封好，又在那泛黃的紙條後面寫上：相信我，真的有用。幾天後，他終於穿過沙漠，來到綠洲……

人世間，不勞而獲的事情終究太少太少。如果沙漠中的那人沒有付出自己的那瓶水，那麼，他能否走出沙漠還是未知數。

因此，即使幸運之神光臨你的身邊，在取得之前，你還是要先學會付出，只有付出了，才有可能會得到。

‥禪林清音‥

快樂是得到，更是付出。

9. 抱著鮮花的和尚

　　某院校哲學系聘請了一位哲學家、一位美學家和一位高僧同時來系裡授課和交流。

　　交流課上，系裡安排專人為三位貴客一一獻花。結果，哲學家接過豔麗馨香的鮮花之後，馬上放在了課桌的一角，直到離開講臺也沒再看一眼那束師生們專門為他購買的鮮花；美學家接過豔麗馨香的鮮花之後，更令師生們失望——他居然隨手放在了椅子後邊的地面上；只有那位從寺院裡請來的大法師，接過豔麗馨香的鮮花之後，就愛不釋手，非常珍惜地摟在自己的懷裡，講完課，離開講臺時，他還緊緊地抱著那束鮮花。

　　有的師生既好奇又感動，就上前問法師為什麼如此愛惜這束鮮花。法師說：「賞心悅目的鮮花是草木的精華，更是草木的智慧，在紅塵之中可說是最美麗、最珍貴、最聖潔的物品，任何哲學理論，任何睿語遐思都沒有鮮花美妙和深刻……尤其是當它們放在了一個老僧懷裡的時候。」

　　師生們被法師的行動和話語，感化得瞠目結舌而茅塞頓開。

‧‧道破禪機‧‧

學會欣賞

　　一朵花有一朵花的美麗，一株草有一株草的風姿，

世間萬物都有他們的美麗，我們要學會珍惜愛戀，學會欣賞。如果把同樣的道理放到世人中來，那麼可以說，每一個人都有值得他人欣賞的地方，任何時候，學會用欣賞的眼光去看待世界，看待你周圍的人吧，就像欣賞一幅畫一樣，你會很快樂，也會很坦然，有時還會有意想不到的收穫。

作家林清玄當年做記者時，曾經報導了一個小偷作案手法非常細膩，犯案上千起，第一次被捉到。他在文章的最後，情不自禁地感歎：「像心思如此細密、手法那麼靈巧、風格這樣獨特的小偷，又是那麼斯文有氣質，如果不做小偷，做任何一行都會有成就的吧！」

沒想到，他20年前無心寫下的這句話，卻影響了一個青年的一生。如今，當年的小偷已經是臺灣幾家羊肉爐店的大老闆了！

在一次邂逅中，這位老闆誠摯地對林清玄說：「林先生寫的那篇特稿，打破了我生活的盲點，使我想，為什麼除了做小偷，我沒有想過做正當事呢？」從此，他脫胎換骨，重新做人。

回頭想想，如果沒有林清玄當年對小偷的「欣賞」和企盼，恐怕也就不會有他今天的事業和成就。不難看出，欣賞對一個人的人生是多麼重要啊！欣賞，是一種理解和溝通，也包含了信任和肯定；欣賞，也是一種激勵和引導，可以使人揚長避短，更健康地成長和進步。

其實，社會上的每一個人都渴望別人的欣賞，同樣，每一個人也應該學會去欣賞別人。學會欣賞，是一種能力，讓生活更美好的能力！

・・禪林清音・・

世界上沒有不可救的生命，不可教的人才。

10.「真」字的念法

　　話說師徒二人東遊，來到一個地方感覺腹中饑餓，師父就對徒弟說：「前面一家飯館，你去討點飯來。」徒弟領命就到了飯館，說明來意。

　　那飯館的主人說：「要飯吃可以啊，不過我有個要求。」

　　徒弟忙道：「什麼要求？」

　　主人回答：「我寫一字，你若認識，我就請你們師徒吃飯，若不認識亂棍打出。」

　　徒弟微微一笑：「主人家，恕我不才，可是我也跟師父多年。別說一字，就是一篇文章又有何難？」

　　主人也微微一笑：「先別誇口，認完再說。」

　　說罷拿筆寫了一「真」字。

　　徒弟哈哈大笑：「主人家，你也太欺我無能了，我以為是什麼難認之字，此字我五歲就識。」

　　主人微笑著問：「此為何字？」

　　徒弟回答說：「不就是認真的『真』字嗎。」

　　店主冷笑一聲：「哼，無知之徒竟敢冒充大師門生，來人，亂棍打出。」

　　徒弟就這樣回來見師父，說了經過。大師微微一笑：「看來他是要為師前去不可。」

　　說罷來到店前，說明來意。那店主一樣寫下「真」字。大師答曰：「此字念『直八』。」

　　那店主笑道：「果是大師來到，請！」就這樣吃完喝完不出一分錢走了。

　　徒弟不懂啊，問道：「老師，你不是教我們那字念『真』嗎？什麼時候變『直八』了？」大師微微一笑：「有時候的事是認不得『真』啊。」

‥‥道破禪機‥‥

難得糊塗

　　大師說的對，有的時候我們不必太認「真」，把它看成「直八」也不錯！凡事不較真，不求全責備，該糊塗的時候就糊塗，這何嘗不是一種智慧的人生哲學呢？

　　中國歷史上有一位名家因為「難得糊塗」四字而成名，他就是鄭板橋，而「難得糊塗」這四個字的來歷還有一個有趣的故事！

　　鄭板橋在山東做官，一次遊覽萊州的去峰山，本想觀賞其山中鄭文公碑，但因時間已晚，便借宿於山中一茅屋，茅屋主人是一儒雅老翁，自稱「糊塗老人」。

　　「糊塗老人」家中陳列一個方桌般大小的硯臺，石質細膩、鏤刻精良。鄭板橋大開眼界，讚歎不已。

　　次日晨，「糊塗老人」請鄭板橋題字，以便於刻於硯背。鄭板橋即興題寫了「難得糊塗」四個字，後面蓋上「康熙秀才、雍正舉人、乾隆進士」方印。

　　因硯臺大，尚有餘地，板橋就請老人寫上一段跋語。

老人提筆寫道：「得美石難，得頑石尤難，由美石轉入頑石更難。美于中，頑于外，藏野人之廬，不入富貴門也。」他也用一塊方印，字為「院試第一、鄉試第二、殿試第三。」

鄭板橋見之大驚，方知老人是一位隱居於此的高官。由於感慨於「糊塗老人」的命名，板橋又提筆補寫道：「聰明難，糊塗難，由聰明而轉入糊塗更難。放一著，退一步，當下心安，非圖後來福報也。」

兩人如遇知音，相見恨晚，遂談文說詞，暢談人生，結為摯友。

清朝書畫大師鄭板橋的「難得糊塗」是一句世人皆知的名言，這句至理名言稱得上是集糊塗學之大成。一個人在生活中確實需要一點糊塗心態，盡可能地把思想放到局外去考量。對人、對已都要放寬去想，大事不糊塗，小事不計較，遇到問題心中幾分清醒，言行少許糊塗，進退自如、伸屈悠然，不亦是左右逢源，遊刃有餘嗎？

一位糊塗學大師說得好：「世間多少失意人，幡然醒悟須謹記；錯錯錯，錯在斤斤計較；莫莫莫，莫再耿耿於懷。」難得糊塗是一種難得的品德，是一種大丈夫的氣度，是一種放眼未來的襟懷，是一種超越俗世的大智大勇，值得每一個人去品味，去研讀。

·‥禪林清音‥·

明白的明白，糊塗的糊塗，有時候糊塗的也明白，有時候明白的也糊塗，這就是禪。

11. 誠實的道楷禪師

宋朝的時候有一位道楷禪師,他經過多年的修行終於得道。在他得道之後便開始雲遊四方,為大眾講學來闡明禪宗的道理。道楷禪師走了很多地方,曾經擔任過淨因寺和天寧寺等大寺的住持。

禪師的美名被當朝的皇上聽說了,對禪師的這種作為非常欣賞,於是決定頒給他一件紫衣袈裟,以褒揚他弘揚佛法的聖德,並且還賜號為定照禪師。

當道楷禪師聽說了這個消息以後,出人意料的是,他竟然表示堅決不能接受這些榮譽。於是皇上又派出了開封府的李孝壽親王來到禪師的住處,代表皇上來表達朝廷對道楷禪師的一片美意,但是禪師還是不肯接受。皇上被他的一而再再而三的冷淡反應所激怒,下令州官把禪師收押起來,想看看懲罰能不能讓禪師回心轉意。

這名州官以前曾經聽過禪師的講經,他深深知道禪師的為人是何等仁厚忠誠。

他來到寺中的時候,特意讓手下人回避,低聲對禪師說道:「禪師,您的身體看上去很虛弱,臉色也很蒼白憔悴,是不是有什麼病?」

道楷禪師搖了搖頭回答道:「沒有。」

州官看自己的啟發沒有用,就心下一橫,直接對禪師說:「禪師您如果說自己生病,皇上肯定會看在您以前四處講學的辛苦上,免除對你的懲罰。」

禪師還是搖了搖頭,依然用平靜的口氣說:「沒有病

就是沒有病，我怎麼能為了免除懲罰而裝病呢？」

州官聽了禪師的話既感動又無奈，只好迫不得已將禪師貶到了淄州去。

·道破禪機·

誠信是金

誠實，即忠誠老實，就是忠於事物的本來面貌，不隱瞞自己的真實思想，不掩飾自己的真實感情，不說謊，不作假，不為不可告人的目的而欺瞞別人。中國有句古話「誠信是金」，說的是做人講誠信，就像金子一樣寶貴。

我們應該做誠實的人，做誠信的事，雖然有時候誠實可能看著要吃虧，但請你相信，它也許會讓你吃一時的小虧，但絕對不會讓你吃大虧。

有家外資公司準備招聘四名中國高級職員，有十人取得複試的資格，K君是其中之一。人事部主任大衛先生通知他們，複試主要由董事長貝克先生主持。

複試為單獨面試。K君一走進小會客廳，貝克先生就熱情地站起身來說：「是你？你是K君？」這個老外用流利的國語說出了K君的名字，並快步走到他面前，緊緊握住他的雙手。「原來是你！我找你找了很長時間了。」

貝克先生一臉的驚喜，激動地轉過身對在座的另幾位老外嚷道：「先生們，向你們介紹一下，這位就是救我女兒的那位年輕人。」

K君的心狂跳起來，還沒容得他說話，貝克先生就將他拉到自己身邊的沙發上坐下，說道：「我划船的技術太

差，把女兒掉進了昆明湖中，要不是你在就麻煩了。真抱歉，當時我只顧著女兒了，也沒來得及向你道謝。」

K君竭力抑制住心跳，抿抿發乾的雙唇，說道：「很抱歉，貝克先生。我以前從未見過您，更沒救過您女兒。」

貝克先生又一把拉住K君：「你忘記了？四月二日，昆明湖公園……肯定是你！我記得你臉上有塊痣。年輕人，你騙不了我的。」

貝克先生一臉的得意。

K君站起來，說得很堅決：「貝克先生，您肯定弄錯了。我沒有救過您的女兒。」

貝克先生一時愣住了。忽然，他又笑了：「年輕人，我很欣賞你的讚賞。我決定：免試了。」

幾天後，K君成了這家外資公司的職員，在一次和大衛先生閒聊時問道：「救貝克先生女兒的那位年輕人找到了嗎？」

大衛先生一時沒反應過來，接著他大笑起來：「他女兒？有七個人就是因為救他女兒被淘汰了。其實，貝克先生根本沒有女兒。」

此時，K君恍然大悟，自己的被聘，則是憑著「沒有救過貝克先生女兒」的誠實。

誠實是做人之本，是為人處事的最高品格，也是一個人在公司裡能夠取得事業成功的必備品質。誠實很重要，就和做正確的事一樣重要。

一個稟賦誠實美德的人，能給他人以信賴感，讓人樂於接近，在贏得別人信賴的同時，又能為自己的工作和事

業帶來莫大的益處。

誠實是金，誠實與不誠實，對一個人有著天壤之別。誠實的人終究會得到人生的獎賞，而不誠實的人，等待他的將是失敗和一無所有。

·禪林清音·

誠實無欺就是不虛妄，不作假，履行承諾，實事求是，做到誠實無欺也是一種修行。

12. 我不入地獄，誰入地獄

小和尚問老和尚道：「菩薩殺生嗎？」

心中卻在想：「師父一定回答不殺，哪有菩薩破戒殺生之理！」

不料老和尚鄭重地回答：「殺！菩薩常常殺生，不知疲倦！」

「什麼！」小和尚瞪大了眼睛，支起了耳朵，好像聽到了天外來音，「菩薩怎麼會殺生，還常常殺生呢？」

「為救度眾生，為降妖除魔！」老和尚淡然地說。

「那麼，菩薩豈不是犯了大戒嗎？」小和尚不解地問。

「犯戒又不犯戒。」老和尚耐心地解釋，「犯戒是因為有殺生之相，破了戒的形式；不犯戒是因為菩薩心中沒有絲毫殺念，所以符合戒的精神。」

「那麼，菩薩於殺生之時，心中當做何念呢？」小和尚好奇地問。

「菩薩殺生時，當做此念：救助被害眾生使其免於水深火熱，拯救害人惡魔使其免於萬劫沉淪！」

「菩薩殺生，還入地獄嗎？」小和尚追問。

「菩薩常入地獄。」老和尚答。

「為什麼？」小和尚不解。

「菩薩救助眾生永不休息，所以降妖除魔也永不停止，又怎能不常下地獄呢？」

「菩薩明知會下地獄，為什麼還要殺生呢？」小和尚更是不解。

「這正是菩薩的精神所在。」老和尚莊嚴地說，「為救度眾生，我不入地獄，誰入地獄！」

∴道破禪機∴

專心種好「責任田」

「我不入地獄，誰入地獄！」這就是菩薩對芸芸眾生的責任感！責任感是一個人立足於社會、獲得事業成功的必要條件，更是至關重要的人格。

1920年，有個11歲的美國男孩在他家門前的空地上踢足球，一不小心，踢出去的足球不偏不倚地打碎了鄰居家新裝的玻璃窗。憤怒的鄰居向驚慌失措的男孩索賠12.5美元，在當時，12.5美元是一筆不小的數目，足足可以買125隻生蛋的母雞！這是一個每天只有幾美分零花錢的小男孩想都不敢想的天文數字。

闖了大禍的男孩沒有其他辦法，只好向父親講了這件事，希望父親會替他擔起這份他無論如何也負擔不了的

責任。沒想到，一直寵愛他的父親卻要他對自己的過失負責。男孩為難地說：「我哪有那麼多錢賠人家？」

父親拿出了12.5美元，嚴肅地對兒子說：「這筆錢我可以借給你，但是一年後你必須還給我。因為，承擔自己的過錯是一個人的責任，是責任你就不能選擇逃避。」

男孩把錢付給鄰居後，開始了艱苦的打工生活。他放棄了平日裡熱衷的各種遊戲，把課餘時間都利用起來做所有自己力所能及的工作，經過半年的不懈努力，男孩終於掙夠了12.5美元，並把它還給了父親。平生第一次，他通過自己的堅強努力承擔起了自己的責任。

經濟大蕭條時期，他的父親破產了。他大學剛畢業，就主動負擔起整個家庭的生活，並資助哥哥重回學校讀書。後來他成為一名電視節目主持人。

在他處於事業頂峰時，出於強烈的責任感，他公開批評自己所在電視公司的最大的贊助商——通用電氣公司，因此不得不離開電視界，從此投身政界。

在他獲得了自己夢想的職位後，又一場經濟危機使他的前行之路阻礙重重。這次他擔負起了引領當時世界上第一強國走出困境的責任。他成功了，8年後，他把一個開始復蘇的美國交到了繼任者手中。

他的名字是羅奈爾得·雷根。

雷根的父親教他成為了一個富有責任感的人。我們每個人都有自己應該承擔的責任，責任是人這一生中必不可少的東西，如果你沒有了責任心，你將變成一個別人厭惡的人；如果你沒有了責任心，你將一事無成；如果你沒有了責任心，你將面臨著別人對你失去信心……所以，種好

自己的「責任田」吧，一個人無法十全十美，但只要有責任意識，就可以盡善盡美。

┌··禪林清音··┐

修行是心靈的磨練。

13. 遇佛殺佛

當年隱峰學禪的時候，隱峰的老師馬祖為了測試愛徒修行的深淺，決定找個機會試試他。

一日，老禪師看到隱峰推著板車，要從一條狹窄的小路上經過，就故意跑過去躺在路中間假裝睡大覺，伸腿擋住去路。

「師父，你老人家快起來，要不然車壓到你的腿了。」隱峰喊道。

馬祖愛理不理地答道：「已經伸出去的腳不能收回來。」

隱峰一聽，立即接口道：「已經前進的車不能再後退。」

於是隱峰推車從老禪師的腿上碾了過去。

馬祖大叫一聲，腿上已經鮮血淋漓。氣憤的馬祖一瘸一拐地找來一把斧頭，來到法堂，敲鐘召集所有僧眾，大喝道：「哪個小子剛才碾傷了老僧雙腳？你給我出來！」

僧人們個個都嚇傻了，今天看來要血濺佛堂了，阿彌陀佛！只有隱峰和尚毫無懼色，大踏步走上前去，把頭放在馬祖掄起的斧頭下面。

馬祖哈哈大笑，把斧頭扔在地上，高興地說：「孺子可教！」

贏在膽識

馬祖橫插一腿擋路，實際上是在問隱峰如何克服學禪路上的各種障礙。隱峰推車碾過，是表示自己要絕不後退，遇佛殺佛，遇祖殺祖。馬祖又手執利斧進一步考驗他，隱峰又以我不入地獄誰入地獄的大無畏精神坦然面對。看到愛徒如此精進，難怪老和尚哈哈大笑！

一個人有了膽識，就有了主心骨，不會手足無措，而是敢於挑戰自己，敢於向自己開刀，敢於創造新的奇蹟——這正是逢佛殺佛，逢祖殺祖的真諦。

日本三洋電機的創始人井植歲男，成功地把企業越辦越好。

有一天，他家的園藝師傅對井植說：「社長先生，我看您的事業越做越大，而我卻像樹上的蟬，一生都坐在樹幹上，太沒出息了。您教我一點創業的秘訣吧？」

井植點點頭說：「行！我看你比較適合園藝工作。這樣吧。在我工廠旁有 2 萬坪空地，我們合作來種樹苗吧！樹苗 1 棵多少錢能買到呢？」

「40元。」

井植又說：「好！以一坪種兩棵計算，扣除走道，2萬坪大約種2萬棵，樹苗的成本是不到100萬元。3年後，1棵可賣多少錢呢？」

「大約3000元。」

「100萬元的樹苗成本與肥料費由我支付，以後3年，你負責除草和施肥工作。3年後，我們就可以收入每棵3000元，共2萬棵，應為6000萬！到時候我們每人一半利潤。」

聽到這裡，園藝師傅卻拒絕說：「哇？我可不敢做那麼大的生意！」

最後，他還是在井植家中栽種樹苗，按月拿取工資，白白失去了致富良機。

一個沒有膽識的人，再好的機會到來，也不敢去掌握與嘗試；因為他不敢嘗試固然也就沒有失敗的機會，但也失去了成功的機運與喜悅。世界上本沒有路，我們走過之後，路自然形成了，根本沒信心登上山頂的人，最終只能在山腳下徘徊。

讓我們用勇氣和膽識堅定地面對生活和各種各樣的挑戰吧，只有這樣，我們才有可能獲得夢想的成功。

‥禪林清音‥

相由心生，命由己造。

14. 掉落樹下的斑鳩

寺院裡的一棵槐樹上，飛來了兩隻斑鳩，築了一個非常簡易的鳥巢，孵出兩隻小斑鳩。可是，一場暴風雨過後，鳥巢掉在了地上，兩隻剛長毛的小斑鳩被摔得一死一傷。

　　那隻受傷的小斑鳩不僅驚動了整個寺院的僧侶們，還驚動了住持方丈念心法師。念心法師為小鳥上了寺院裡最好的藥物之後，就犯起愁來，他對弟子們說：

　　「若把小生靈留下來餵養，倒不是什麼大的麻煩事兒，可是，待把它養大了，它就會產生變異，變得與其他的鳥們格格不入，甚至有不會飛翔、不會野外生存的可能，從此失去長空、失去藍天，失去原本的性能，再也離不開咱們的寺院了。若把它放置在房頂或山頂上，又怕它的父母找不到，或者被其他動物叼走傷害了。大家想想，應該怎麼辦呢？」

　　這時，一個小沙彌就說，我爬到樹上去，為它重新築一個窩；另一個小沙彌就說，你築的窩萬一不牢固，再掉下來，小生靈恐怕就沒命了……眾僧們你一言我一語地討論著。

　　最後，有一位老和尚想出了一個比較周全的辦法——用繩子繫上一個竹籃，再放上柴草，把小斑鳩放進去，吊到原來的鳥巢處。大家一致通過了這個方案，老斑鳩經過一番心理爭扎和試探後，也重新撫養起自己的雛兒。

··道破禪機··

愛也需要智慧

　　愛，有時候是繈褓，有時候是牢籠。鳥兒屬於藍天，心靈屬於自由，過多的寵愛和約束會葬送它們的天性。所以，付出愛的時候也要講究智慧，只有這樣才能算得上是一種真正的愛。

　　《伊索寓言》裡有這樣一個故事，一個偷竊的少年犯被當場捉住，犯縛了雙手，被牽到劊子手那裡。疼愛孩子的母親跟在後面，捶胸慟哭。兒子回轉身來，說要對她說句心裡話。母親走近去，想不到卻被兒子一口把耳朵咬了下來。母親罵兒子大不孝，犯了罪還不夠，又把母親的耳朵咬下來。

　　那少年犯說：「假如我初次犯偷了同學的寫字板拿去給你的時候，你打了我，那我何至於膽子越來越大，被牽去處死呢！」

　　《古今譚概》一書中有一個寓言故事，翠鳥為避免災禍，開始把窩築在樹的高處。孵出小鳥以後，它很喜愛，生怕小鳥從高處的窩裡掉下來摔死，於是把窩向下移了移。等小翠鳥身上長出了羽毛，非常漂亮，它更是加倍喜愛，越發怕小翠鳥摔下來，又一次向下移動鳥窩，移到離地面很近的樹杈上。

　　這樣，翠鳥放心了，然而當路過樹下的行人發現小翠鳥時，稍一舉手便把小翠鳥掏走了。

　　巴爾扎克筆下又這樣一個故事，麵粉商人高老頭十分嬌慣女兒，他把大部分財產作了陪嫁，讓女兒擠進上流社會，過貴婦人的奢侈生活。為使女兒們快活，他替女兒的情人還了債，幫助女兒與人通姦。可是，出嫁後的女兒們，在榨取了父親的最後一點養老金之後，就把他當著榨乾了的檸檬一樣，無情地拋棄了。

　　法國教育家盧梭說：「你知道運用什麼方法，一定可以使你的孩子成為不幸的人嗎？這個方法就是溺愛。」愛是需要智慧的，不光對孩子的愛需要智慧，對親人的愛、

對朋友的愛也需要智慧，付出的時候應該想到對方的發展和未來，只有這樣，才是真正對對方著想，為對方好。

·禪林清音·

我們必須使用智慧，才能使愛更有價值。

15. 僧侶領供果

老方丈每次給眾僧們發放從佛龕上撤下的供果時，僧侶們領到的供品從數量到品種上都不盡相同，有的僧侶甚至領不到任何供品。

有一次，一個沒領到供果的和尚，非常委屈地去問方丈，為什麼沒他的份兒。

方丈說：「正月初三下大雪，你起床晚，沒參加掃雪；二月初三去化緣，你回來的最早，卻空手而歸……當然就沒你的供果了。」

另一次，一個沒領到供果的小沙彌，非常疑惑地去問方丈，怎麼沒他的零食呢。方丈說，與你一起入寺的其他沙彌都會背誦《般若波羅密多心經》了，只有你還不會背；另外，你在值更的時候，還多次偷偷地打盹……當然就沒你的供果了。

還有一次，一個年過半百的老和尚也沒領到供果，很沒面子，他面紅耳赤地問方丈，怎麼會沒有他的供果呢。

方丈說：「首先，你對寺院裡新來的僧侶們沒盡心盡責，光顧著自己修身養性了；再就是，你對一位施主提出的問題敷衍、搪塞，沒有認真回答，辜負了施主的信任和

尊重，有失出家人的品格，當然沒你的供果了。」

經過多次的供果「風波」之後，該寺院的僧侶們都改稱供果為「因果」了。

凡事皆有因果

凡事皆有因果，這就如同種子是因，芽就是果一樣。因果關係錯綜複雜，有的非常直接，有的非常間接，但每一個結果都會有一個因，因因果果，果果因因，相續不斷，這就是所謂的因果規律。

從前有一戶人家患鼠害，夫妻兩人為此很煩惱。有一天，丈夫趕集回來，買回一隻老鼠夾子，交給妻子。

躲在樑上的一隻老鼠看見老鼠夾子，嚇得發抖。它趕緊把這件事告訴老母雞。老母雞若無其事地說：「這是你的事，跟我有什麼關係？」

老鼠又把這件事告訴老豬。老豬不耐煩地說：「很清楚，老鼠夾子是要你的命，又不是要我的命，你告訴我幹什麼？」

老鼠又把這件事告訴老牛，老牛聽了很生氣：「小小的老鼠夾子，能傷到我一根毫毛嗎？」

老鼠見大家都不想辦法解決老鼠夾子的問題，嚇得躲在洞裡，再也不敢出來了。

當天晚上，這家的妻子聽到老鼠夾子響了，趕快起床去抓老鼠。沒想到，老鼠夾子夾到了一條蛇的尾巴。睡得迷迷糊糊的妻子沒看清，腿被蛇咬了一口，就此臥病在

床。

　　為了給妻子補身體，丈夫就把老母雞殺了燉湯。

　　妻子的病情一直不見好轉，親戚朋友都來看望。為了招待客人，丈夫又把老豬殺了。

　　最後，妻子還是死了，丈夫只能殺了老牛，用變賣的銀兩來安葬妻子。

　　萬物之間都是有聯繫的，沒有誰能夠獨立於萬物而存在，一些因果關係如同上面的故事那樣，也許不是那麼明顯，不是那麼清楚，但儘管混沌一片，因果自在其中，因為凡事皆有因果。

·禪林清音·

　　因因果果無窮盡，果果因因不虛說。

16.　三個問題

　　有一位將軍，一直困惑於三個問題，於是裝扮為一名平民，自行上山去找禪師以求得開解。

　　當將軍找到禪師的時候，這位禪師正在菜園裡挖地，於是將軍道：「我有三個問題請禪師開導，一是做事最好的時間是什麼時候？二是共事的最重要的人是誰？三是在每個時間要做的最重要的事情是什麼？」

　　禪師沒有回答，只是繼續挖地。將軍見其年老瘦弱，便接過鋤頭替他挖地，說：「如禪師無以回答，請告訴，我好返回。」

　　正在此時，一個受重傷的人闖入，將軍便為他包紮

好,讓其臥於草棚。次日,此人醒來不知身在何處,看到將軍便請求原諒,將軍疑惑地問他緣由。

此人道:「在一次戰爭中,您殺我兄,奪我財,我便立誓要殺您。得知將軍自行上山,於是便埋伏於途中,不料被您的手下所傷。本想必會喪命,可今得您的解救,我願餘生為您的僕人。」

將軍沒有想到,這件事讓他與一個多年來的夙敵的恩怨就這樣化解了。

將軍在離開之前,又重複問了禪師那三個問題,禪師道:「我已經解答了。」

將軍疑惑。

禪師又道:「昨日你如果沒有憐憫我替我鋤地,你必返回,在路上難免遭到此人的襲擊。所以,挖地之時是你最重要的時間;昨日如果你沒有救此人,他便會喪命,就不能與他和好。因此,他就是你最重要的人;而最重要的事是你照看他。記住,最重要的時間莫過於當下,它是唯一能支配的;最重要的人便是當下與你在一起的人;而最重要的事就是使你身邊的人快樂。這便是生活的追求。」

將軍頓時大悟,與那個人欣然下山。

┇┅道破禪機┅┇

活在當下

智者常勸世人要「活在當下」。到底什麼叫做「當下」?簡單地說,「當下」指的就是:你現在正在做的事、呆的地方、周圍一起工作和生活的人;「活在當下」

190

就是要你把關注的焦點集中在這些人、事、物上面，全心全意認真去接納、品嘗、投入和體驗這一切。

你可能會說：「這有什麼難的？我不是一直都活著並與它們為伍嗎？」

話是不錯，問題是，你是不是一直活得很匆忙，不論是吃飯、走路、睡覺、娛樂，你總是沒什麼耐性，急著想趕赴下一個目標？因為，你覺得還有更偉大的志向正等著你去完成，你不能把多餘的時間浪費在「現在」這些事情上面。

小和尚突然問師傅：「什麼是生命？」

師傅起初沒有回答徒弟的問題，小和尚堅持問了兩次之後，老和尚一言不發狠狠地敲了小和尚的光頭，「咚咚」響了兩下，小和尚痛苦地摀著頭不再問了。

過了一會，老和尚問道：「頭還痛嗎？」

小和尚沒好氣地答道：「不痛了！」

老和尚微微一笑，然後指著樹上的鳥說：「你看到樹上那隻鳥了嗎？」

小和尚不解地看著師傅，不知道師傅想說什麼，一陣風吹來，樹枝動了一下，鳥兒迅速地飛走了。

老和尚看著小和尚，然後意味深長地說：「這就是生命！」

痛、鳥兒的停留和飛去有什麼關係？為什麼這就是生命？我們生命中一定有痛苦的時刻，就像小和尚被人當頭棒喝。

「痛」是暫時而短暫的感受，很快就會消失，應該去抬頭看看鳥鳴啁啾的風景，去欣賞和感受生命中充滿活

力，生機勃發的風景和體會生命律動的激情。這樣才能體會春色的美好，夏日的絢爛，秋日的深沉，冬日的靜謐。但是鳥兒停留雖然很美，它仍會飛走，風景和歡樂也會離我們而去，所以活在當下就顯得尤為重要。

年輕人習慣說「等到……的時候」到了年老就會說「過去……的時候」，然而無論是未來你怎麼樣，或是過去你曾經怎麼樣，結果都是一樣——你錯失了最真實的現在。真正正確的做法是關注現在，活在當下，你不必太揪心於過去，也不必太擔憂你的未來，活在當下就好。

・・禪林清音・・

當你存心去找快樂的時候，往往找不到，唯有讓自己活在「現在」，全神貫注於周圍的事物，快樂便會不請自來。

17. 重新行醫的醫生

五代十國時，有一個軍醫，醫術非常高明，治好了不少傷兵。但是，在那個戰亂的時代，戰爭從沒停止過，這個醫生治好了一批傷兵，又有更多傷兵被送來。有時候，一個士兵會被治癒數次，最後還是戰死沙場。

最後，他崩潰了，心想：我治病救人，難道是為了他們去戰場殺人或被人殺嗎？既然他們遲早要被殺死，我救他們又有何意義呢？

於是，他辭職不幹了，去跟一個禪師參禪、修行。他每天隨侍在禪師身旁，日子久了，漸漸明白了一個道理：

凡事自有其理，凡物各有其用，不用刻意追求什麼意義。

於是，這個醫生又辭別了禪師，準備再次到軍隊行醫。

禪師問他：「你為什麼又回去了？」

「因為我是個醫生呀！」他回答。

道破禪機

凡事自有其理，凡物各有其用

這個醫生悟到了什麼？醫生的天職是治病救人，替病人減輕痛苦，至於病人治好後去幹什麼，那是他自己的選擇。病人日後的生死吉凶，是他自己的緣分，何必替他操心呢？何必非要追求治病救人之外的意義呢？這個醫生的想法已經接近佛的境界了。

所謂「凡事自有其理，凡物各有其用」，人生在世，不必事事都要追究其意義，每樣事物都有他們自己的定位、作用，順其自然就好。

兩個花匠分別在不同的人家種花，一個非常勤勞，兢兢業業，把花兒照顧得無微不至，一個則懶懶散散，馬虎了事。

這天，兩人在酒館中巧遇，懶散的花匠說：「真不知道你每天那麼辛苦幹什麼！」

「為了讓花兒開得更漂亮啊！」

「花兒開得再漂亮，最後不也要凋謝嗎？你應該學學我，差不多得了！」

勤勞的花匠微微一笑，道：「那人最後總是一死，你

現在還活著幹什麼呢？」

懶散的花匠一怔，再也沒有說話。

是的，勤勞的花匠想的沒錯，儘管知道了花兒最後的結局，也應該好好的照料它們，給它們一個燦爛的花期；就如同人一樣，儘管最後逃不脫死亡，但也要有一個精彩的生命旅程。

花匠和重新行醫的醫生悟到的是同樣的道理，塵世間所有的事物，包括人，都是「自有其理，各有其用」的，明白了這一點，就明白了生活的真諦。

禪林清音

凡事自有其理，凡物各有其用。

第五篇　心有多大　路有多寬

1. 慈悲的榮西

　　宋朝時，從中國留學回到日本的榮西禪師，四處籌募經費，開始蓋日本的第一座禪寺。禪寺即將完成，只剩下佛像的裝金。

　　寺院把僅存的經費買了黃金，打成薄薄的金箔，準備貼鑲在佛像的身上。

　　就在準備裝金的前一個夜晚，天氣格外的寒冷，突然有一個形容憔悴的男人跑到寺廟。他跪在地上對榮西禪師說：「我們一家現在已饑寒交迫，懇請禪師幫助我們，我實在已沒有辦法了。」

　　榮西禪師聽了，開始時很為難，就極力想拯救他們的辦法。忽然看見用來塗如來佛像的金箔，心中一喜，就對他說：「把這些金箔拿去應急吧！」

　　當時，門徒們很驚訝，顯得很可惜的樣子，問：「師父，多可惜啊！你怎麼可以這樣做呢？」

　　榮西禪師從容地開示他們道：「我只不過在實行慈悲心而已。所謂佛的慈悲心，就是大慈大悲之心。如果佛看見這些可憐的人，即使捨身也會幫助他們。若我因此而入地獄，我也沒有什麼後悔的。你們想想看，你們到底是為

什麼而修行呢?」

　　門徒們聽了,嘆服不已,從此更加精進修行。

　　還有一次,寺裡缺糧,每個人都在忍饑挨餓。正好,有一個人向禪師施捨了兩匹綢子。禪師很高興地帶回寺裡,對大家說:「這兩匹綢子就會變成明早的稀飯了,我們真是要感謝那個施主!」

　　正當大家高興之際,有個衣衫破爛的男人跑進寺來,請求道:「我沒有路可走了,你們看,我連一件像樣的衣服也沒有。能否把這兩匹綢子施捨給我呢?」

　　禪師二話沒說,就給了他。

　　這次他又開示門徒道:「大家都是來求佛法的,如果自己忍受饑餓的痛苦,而能挽救人們的災難,還不正是我們長久以來的心願嗎?」

　　眾弟子皆點頭稱是。

：：道破禪機：：

給予比得到更重要

　　榮西禪師說得對,佛是慈悲的,我們敬佛,不是說僅僅對佛敬重,更重要的是要學佛,像佛那樣有一顆慈悲的心。擁有一顆慈悲的心,就能夠體會到,給予比得到更重要,更有意義。在佛家看來,人生最大的意義是利眾,所以我們常聽到佛家人勸人佈施,利益大眾。事實也正是如此,我們在給予的同時,也在收穫自己的愉悅,感受他人的幸福。

　　保羅在耶誕節前夕收到了一輛新轎車,是他哥哥送給

他的聖誕禮物。聖誕前夜，他從辦公室裡出來，看見一個小淘氣正在看他的新車，小男孩問道：「先生，這是你的車嗎？」

保羅點點頭：「我哥哥送給我的聖誕禮物。」

小男孩吃驚地瞪大了眼睛：「你是說這車是你哥哥白白送給你的，你一分錢都沒花？天呵！我希望……」他猶豫了一下。

保羅當然知道他希望什麼，這個小男孩會希望他也有一個這樣的哥哥。但是，那小男孩接下去說的話，卻讓他對這小男孩刮目相看。

「我希望，」小男孩子接著說，「我將來能像你哥哥那樣。」

保羅吃驚地看著這個小男孩，不由自主地問了一句：「你願意坐我的車兜一圈嗎？」

「當然，我非常願意。」

車開了一段路，小男孩轉過身來，眼裡閃著亮光，說道；「先生，你能把車開到我家門口嗎？」

保羅笑了，這回他想他知道這小男孩想幹什麼，這小男孩想在鄰居們面前炫耀一下他是坐新轎車回家的。但是保羅又錯了。小男孩請求他：「你能把車停到那兩個臺階那兒嗎？」

車停後，小男孩順著臺階跑進了屋，不一會兒，保羅聽到小男孩又返回來了，不過這次他回來很快。他背著他腳有殘疾的弟弟，他把他放在最下面的臺階上，然後扶著他，指著車對他說：

「夥計，看那新車，是不是跟我在樓上告訴你的一

樣。他哥哥送給他的聖誕禮物，他一分錢也沒花，你等著，有一天我也會送你一輛車。那樣你就可以坐在車裡親眼看一看耶誕節商店櫥窗裡那些好東西！」

保羅下了車，把那個小男孩抱進了車裡，那位小哥哥也坐進了車裡，他們三個人一起度過了一個難忘的夜晚。

從那天起，保羅真正懂得了「給予是快樂的」這句話。

是的，給予是快樂的。美國聾盲女作家海倫‧凱勒，說到自己快樂的訣竅，也這樣說：「我發現生活很令人興奮，特別是你為他人而生活。」把自己的情感，自己的熱心，自己的善念，自己的技能，給予別人，小到一塊糖、一個眼神、一句溫軟的話；大到一輛車，一棟房子，一份巨額財產，在給予別人快樂的同時，你也會收穫心靈的滿足。

∴禪林清音∴

一個人無論做什麼事都不覺快樂，是因為他沒有學會給予別人。

2. 被綁架的和尚

一個外出化緣的和尚名叫三元，在回來的路上被蒙面人綁架，雙手被死死地捆在身後，雙腳也被綁得牢牢的，站都無法站起來。再後來，眼也被蒙上了，嘴也被堵住了，關進一間牆壁濕漉漉的屋子裡。他往後一靠，感到自己被扔在了一個牆角處，他氣憤、恐懼，又萬分無奈，甚

至感到一種陰森森的死亡的氣息。

可是，就在他掙扎了一陣，終於筋疲力盡、徹底絕望時，他聽到身邊不遠處也有掙扎、喘氣的聲音。於是，他在地上坐著，一點點地艱難地朝那個有聲音的方向挪動。當他終於接觸到另一個同樣被綁架的人時，他感到了一種求生的希望。

他憑感覺馬上挪動得與那人背靠背，然後開始用自己尚能活動的手指尋找那個人手腕上的繩頭。

經過一番努力，他真的解開了那人手腕上的繩子。那人的雙手解脫之後，馬上扯掉了他倆的蒙眼條，接著又把三元的雙手解開。二人接著解開了各自的雙腳。更令二人驚喜和感慨的是，他們二人是同一座寺院裡的和尚。二人配合默契地打開了房間的後窗，並先後從後窗裡爬出去，獲得了自由身，跑回了寺院，雙雙得救了。

當二人驚魂未定地去向老方丈述說他們的遭遇時，老方丈微笑著，又不無神秘地說：「你們二人在危難之際找到了解脫的途徑，祝賀你們倆……明天，就由你們二人去幫助另外兩個師弟開悟吧。」說著，方丈把兩個頭套和四根繩子交給他們二人。

‥道破禪機‥

助人就是助己

危難之際，兩個和尚互相幫助，最終雙雙得救，他們也悟到了「助人就是助己」的道理。

我們人類本身就是社會性很強的團體，人與人之間只

有互相合作，互相幫助才能共同生存和發展，單個的個體是無法立足的，幫助別人就等於幫助自己，這是我們一條重要的生存法則。

第二次世界大戰期間，艾森豪出任盟軍統帥。他的軍隊將法西斯打得節節後退，形勢一派大好。一天，艾森豪帶著隨從，冒著紛飛的大雪，驅車趕往總部開會。

在剛剛解放的法國，一切百廢待興，正常的交通尚未恢復，路上幾乎沒有什麼車。忽然，艾森豪看到路邊有一對年老夫婦，滿面愁容，相擁而坐，在寒風中瑟瑟發抖。艾森豪立即命令停車，讓翻譯官下去瞭解情況。

一位參謀勸阻道：「我們得趕回總部開會，這種小事還是交給當地警方處理吧！」

艾森豪不以為然地說：「等員警趕到，他們早就凍僵啦！」

翻譯官走過去一問，原來這對老夫婦準備去巴黎投奔兒子，由於車子拋錨，不知如何是好。翻譯官向艾森豪彙報了情況，也建議通知地方員警來處理。

但艾森豪知道，在這種惡劣的天氣裡，員警需要好幾個小時才能趕到，誰也無法保證兩位老人在這幾個小時裡不會發生什麼事。

他想，如果讓車開快一點，即使繞道去一趟巴黎，也不會耽誤開會。於是，他當即請老夫婦上車，將他們送到了他們想去的地方。

盟軍打敗德軍後，繳獲到一份情報，才發現了一個驚人的秘密：就在這一天，幾個納粹狙擊手埋伏在艾森豪常走的那條路上，他們算好了精確時間，校正了準星，只要

艾森豪出現，他們準能敲碎他的腦袋。沒想到，艾森豪卻因為兩位老人，臨時改了道。

生活中誰都免不了需要別人的說明，無論同事之間，無論親朋好友，無論左鄰右舍，都離不開相互關心、相互幫助。伸出你熱情的雙手吧，讓自己成為一個心中充滿愛的人，無論是一件舉手之勞的小事，還是需要想方設法的大事，都盡自己的力量去幫助他人，你會發現，助人其實就是在助己！

·禪林清音·

擁有一顆無私的愛心，便擁有了一切。

3. 樂善好施的長者

從前，有一位長者不但很富有，而且心地善良。他擁有龐大的財產，並且也很願意幫助大家，使大家都衣食無缺。後來，他乾脆大開善門，對於遭逢苦難病痛的人，更是用愛心去救濟。

那些受過他救助的人，都對長者既感恩又敬佩。大家不斷地讚揚著他，並且是一傳十，十傳百，沒過多久，長者的名聲就傳開了。

後來，不只整個國家的人民敬愛他，連鄰國也讚歎他的愛心。這些人間的讚歎聲上達到天上。

有位天上的天人得知長者受到那麼多人愛戴，心想：我之所以感召天福，是因為以前在世間樂善好施，命終後升往天界；如今，這位長者所做的好事勝過我，將來他的

福報可能會超過我。

嫉妒之心頓生，天人打算讓長者退失道心。於是，他幻化為一位普通人，來到長者面前說：「你將寶貴的財產佈施出去，難道不心疼嗎？辛苦賺來的錢應該留給子孫，這樣不斷地佈施，總有一天會把財產花光。」

長者面露笑容回答：「天地萬物滋養眾生，我的財產若只給一家人享用太可惜，不如讓天下人來享用。」

天人故意說：「據我所知，如果勤於佈施，將來會墮入地獄！」

長者覺得很奇怪，為非作歹才會招來地獄的苦報，佈施行善的人，怎麼會墮入地獄？天人見長者不信，便幻化出地獄的景象，告訴他：

「你看！這些在地獄中受苦的人，以前都是在世間佈施的人！你如果不相信，可以去問他們。」

長者走到一個人面前，問他：「你為什麼會墮入地獄？」

這人為了迎合天人，回答：「就如他所說，在世時我常常佈施財物幫助別人，因此死後墮入地獄。」

「接受你幫助的那些人呢？」

「他們都升往天堂了。」

長者歡喜地說：「讓人人幸福是我的心願，既然曾受我幫助的那麼多人都能升往天堂，那麼我一個人墮入地獄，實在不算什麼，我還是很高興！」

此時長者的神態是那樣誠摯而單純，天人受到很大的震撼，既感動又慚愧，地獄的景象隨即消失了。

他恢復天人的相貌，對長者說：「先前我告訴你的

話，都是我一時起了嫉妒心，想要動搖你佈施救濟的信念，而顛倒因果的謊言。事實上，行善能得天福，而你這種『但願眾生得離苦，不為自己求安樂』的心懷，修得的境界更勝過天福，是真正清淨光明的無我境界！」

·道破禪機·

用善良化解嫉妒

連天人都忍不住自己的嫉妒心，何況凡人呢？那麼，在面對他人的嫉妒心時，你是如何做的呢？是以牙還牙，還是置之不理？最好的方法是淡定一些，不為他人所蠱惑，用善良來化解嫉妒，這樣才能令嫉妒者自慚形穢。

艾米達和琳達同是一家外貿公司的同事。

艾米達容顏素淡，一如她的性格，文靜而沉默，每天只是如雛菊般靜靜綻放，公司裡誰也不會太在意她，但卻似乎誰也不能夠真的忽略她。

琳達與艾米達剛好相反，天使的臉蛋，魔鬼的身材，使得她在公司裡如孔雀般炫目，也如孔雀般驕傲。

琳達幾乎每天都會在辦公室收到別人送的花，或是接到別人邀約的電話，每次她總是一副不屑的樣子，聲音拔得老高：「又是這一套，無聊！」每當這時，艾米達往往就抬頭看一眼琳達那仰高了的下巴，然後依舊神情恬淡地低頭做她的事。

從來沒有人給艾米達送過花，也極少有人打電話找她，即便找她，也不會是男女間約會的那種。人們彷彿忘了這世間還有一個容顏素淡的艾米達，以及她潛藏在恬淡

笑容下的寂寞。

直到一天，11朵玫瑰紮成的一束花被送到艾米達的座位上。同事好奇地呼啦啦一下子擁了過來。花上卡片的落款是駿，公司另外一個部門的同事。

駿恰巧也是琳達的心儀對象，她此時此刻嫉妒極了，於是高昂著下巴，拔高了聲調，以一副不屑的口氣說：「哼，那傢伙上次給我送的還是99朵玫瑰呢！男人就是這副德行，無聊！」

艾米達依舊抬頭看了琳達一眼，恬淡地笑了笑，低頭繼續做她的事。

第二天，艾米達和琳達一起在開會，艾米達負責記錄會議內容。突然，艾米達接到了駿的電話，似乎有什麼非常緊急的事情，於是她拜託另一位同事波波幫她記錄會議內容，波波爽快地答應了。

等到艾米達辦完事情回來，總經理把她叫進了辦公室，責問她為何沒有做好會議記錄。滿腹疑慮的艾米達並沒有反駁，而是低著頭接受經理的訓斥。

等到艾米達回到座位，琳達趕忙迎上去，挑撥離間地說：「波波根本沒有幫你記錄，趕快去找她算帳啊！」

「有什麼好算的，本來就是我失職，不應該在上班時間突然跑出來，挨罵是應該的。」艾米達微笑著說。

琳達愣住了，她本來是想煽風點火讓艾米達和波波兩人吵起來，然後再「碰巧」讓駿看見艾米達破口大罵的樣子……可是艾米達的反應卻讓她的計畫成為泡影，看著如此善良的艾米達，琳達深思了起來。其實艾米達平時對她也不錯，駿喜歡她而不喜歡自己，這事兒誰都怪不著，自

己不應該這麼嫉妒艾米達，惹是生非……

後來，艾米達和琳達依然在公司裡相處融洽，琳達嫉妒的毛病也再沒犯過。

《心理學大辭典》中說：「嫉妒是與他人比較，發現自己在才能、名譽、地位或境遇等方面不如別人而產生的一種由羞愧、憤怒、怨恨等組成的複雜的情緒狀態。」嫉妒他人是一種不好的行為，而被嫉妒的人也十分得「無辜」，總是遭受莫名的陷害和指責。

面對他人的嫉妒，要本著善良的處事原則，淡定從容地來對待，這樣才能真正化解他人的嫉妒。

·禪林清音·

但願眾生得離苦，不為自己求安樂。

4.　一片菜葉

雪峰、岩頭、欽山等禪師三人結伴四處參訪、弘法。有一天行腳經過一條河流，正計畫要到何處托缽乞食時，看到河中從上游漂流下一片很新鮮的菜葉。

欽山說：「你們看，河流中有菜葉漂流，可見上游有人居住，我們再向上游走，就會有人家了。」

岩頭說：「這麼完好的一片葉，竟如此讓它流走，實在可惜！」

雪峰說：「如此不懂惜福的村民，不值得教化，我們還是到別的村莊去乞化吧！」

當他們三人你一句、我一句地在談論時，看到一個人

匆匆地從上游那邊跑來，問道：「師父！你們有沒有看到水中有一片菜葉流過？因我剛剛洗菜時，不小心一片菜葉被水沖走了。我現在正在追尋那片流失的菜葉，不然實在太可惜了。」

雪峰等三人聽後，哈哈大笑，不約而同地說道：「我們就到他家去弘法掛單吧！」

・道破禪機・

惜福有福

當一片菜葉飄走的時候，你會因為太過可惜而去追趕嗎？懂得惜福的人，福才會越來越厚實，福才會離你越來越近。在我們的日常生活中，鋪張浪費就是不惜福的表現，一片菜葉，一粒大米都是非常值得珍惜的，殊不知當今世界上還有多少人掙扎在饑餓錢上，又多少在面臨著被餓死的困境，所以，我們要學會惜福，只有惜福才會有福！

明朝嘉靖時期有一位出名的宰相，名叫嚴嵩，其子嚴世蕃也是高官，因而父子二人同惡相濟，結黨營私，總攬朝政，殘害忠良，把國家搞的烏煙瘴氣，國不成國。

仗著自己位高權重、富可敵國，他們的生活十分奢侈、浪費。嚴世蕃要吐痰，只要咳嗽一聲，就在四周圍繞的丫鬟們，仰起臉張開嘴巴來接他所吐的痰。

嚴嵩在故鄉的公館裡，門客家人更是不計其數，每天從他家的廚房內的陰溝裡流出的魚肉白米多得嚇人。用「朱門酒肉臭，路有凍死骨」來形容，一點不誇張。

恰好嚴公館附近有座廟，廟裡有個老和尚，每天他都率領小和尚到陰溝裡把白米撈起來，然後洗淨曬乾，日子久了，竟堆得滿滿一屋子。

後來嚴嵩的奸情敗露，嘉靖皇帝把嚴嵩撤職，嚴世蕃坐牢殺頭，財產充公，嚴嵩老來便無依靠了。由於在位時作惡多端，不得人心，所以，失勢後也沒有人同情他、可憐他。還好，廟裡的老和尚以慈悲為懷，收留了他。

他在廟裡吃了好多天以後，有一天很難為情地對老和尚說：「我很對不起你，當我勢力正大的時候，卻不知道有你這麼一個好鄰居，從來沒有在你廟裡積過一點德；現在窮了，反而來消耗你，我真慚愧啊。」

老和尚安慰道：「相爺不必難過，你現在吃的不是我的，而是相爺你自己的，而且就是吃上十年八年，也吃不完的。」

嚴嵩聽到這話，覺得很驚訝：「呀！吃我的，這話從何說起？」

老和尚從容地說：「你不信，我帶你去看。」

於是老和尚領著嚴嵩倉房裡，指著一大堆米，對嚴嵩說：「這都是你相府陰溝裡流出來的米，我把它撈上來，淘洗乾淨再曬乾的。」

老嚴嵩看到這事實，聽了老和尚的話，唯有把淚往肚子裡流，什麼也說不出。

這就是不懂得惜福的後果，懂福、惜福才會有福。無奈很多人身在福中不知福，鋪張浪費成為了習慣，其實，每天底下也沒有任何東西是理所當然的，日常生活中，我們所用、所吃、所穿，都得靠大家努力完成，是得來不易

的幸福,要懂得珍惜。

當一個人懂得惜福時,自然會懂得愛物知恩、孝順父母、關心孩子,更重要的是會懂得愛惜自己的品德名譽、珍惜生命。

惜福是為人處世的重要根基,無論你是生長於富豪之門還是平民之家,都是不能缺少這項的價值觀。

⊹・・禪林清音・・⊹

唯有惜福的人才有福。

5. 慧嵬說鬼

有一次慧嵬禪師在山洞內坐禪時,來了一名無頭鬼,若是一般人見了,必定嚇得魂不附體,而慧嵬禪師卻面不改色地對無頭鬼說:「你原本就沒有頭,所以不會頭疼,真是好舒服啊!」無頭鬼聽後,頓時消失了行蹤。

又有一次,出現了一個沒有身軀只有手腳的無體鬼,慧嵬禪師又對此無體鬼說:「你原本就沒有身軀,所以不會為五臟六腑的疾病而感到痛苦,這是何等幸福!」 無體鬼一聽,也突然地失去了蹤影。

有時,無口鬼現前時,慧嵬就說沒有口最好,免得惡口兩舌,造業受罪;有時無眼鬼現前時,慧嵬就說沒有眼最好,免得亂看心煩;有時無手鬼現前時,慧嵬就說無手最好,免得偷竊打人。

各種幽魂野鬼只要一出現在他眼前,慧嵬就將前述的話說出,他們就會銷聲匿跡。

·：道破禪機：·

將禍為福

　　一般說來，無頭、無體、無眼、無口、無手，而且對方是鬼，應該感到恐怖才對，而慧嵬禪師卻對他們說無頭、無體、無眼、無口、無手是多麼幸福的事。能將禍視為福，所謂轉迷為悟，轉穢為淨，實在不是一般的境界！如果我們能在生活中將禍視為福，也許會有許多意想不到的收穫。

　　戰國時期，靠近北部邊城，住著一個老人，名叫塞翁。塞翁養了許多馬，一天，他的馬群中忽然有一匹走失了。鄰居們聽說這件事，跑來安慰，勸他不必太著急，年齡大了，多注意身體。塞翁見有人勸慰，笑了笑說：「丟了一匹馬損失不大，沒準會帶來什麼福氣呢。」

　　鄰居聽了塞翁的話，心裡覺得很好笑。馬丟了，明明是件壞事，他卻認為也許是好事，顯然是自我安慰而已。

　　過了幾天，丟失的馬不僅自動返回家，還帶回一匹匈奴的駿馬。鄰居聽說了，對塞翁的預見非常佩服，向塞翁道賀說：「還是您有遠見，馬不僅沒有丟，還帶回一匹好馬，真是福氣呀。」

　　塞翁聽了鄰人的祝賀，反而一點高興的樣子都沒有，憂慮地說：「白白得了一匹好馬，不一定是什麼福氣，也許惹出什麼麻煩來。」

　　鄰居們以為他故作姿態純屬老年人的狡猾，心裡明明高興，有意不說出來。

　　塞翁有個獨生子，非常喜歡騎馬。他發現帶回來的

那匹馬顧盼生姿，身長蹄大，嘶鳴嘹亮，驃悍神駿，一看就知道是匹好馬。他每天都騎馬出遊，心中洋洋得意。一天，他高興得有些過火，打馬飛奔，一個趔趄，從馬背上跌下來，摔斷了腿。

鄰居聽說，紛紛來慰問。塞翁說：「沒什麼，腿摔斷了卻保住性命，或許是福氣呢。」

鄰居們覺得他又在胡言亂語。他們想不出，摔斷腿會帶來什麼福氣。

不久，匈奴兵大舉入侵，青年人被應徵入伍，塞翁的兒子因為摔斷了腿，不能去當兵。入伍的青年都戰死了，唯有塞翁的兒子保全了性命，父子二人也得以避免了這場生離死別的災難。

福兮禍所倚，禍兮福所伏，福禍可以互相轉化，我們要學習慧嵬禪師和塞翁的睿智，從禍裡看到福，從福裡看到禍，從而轉迷為悟，轉穢為淨。

·禪林清音·

禍福都是暫時的，不因得福而盲目快樂，也不因遇禍而氣餒。

6. 暴露的狼

一位得道高僧正在寺院附近的山洞裡面壁修煉，隨著一陣雜亂的腳步聲和嘈雜聲，一隻齜牙咧嘴的野狼忽然跑進山洞，而且非常大膽、非常狡猾地鑽進了高僧的百納衣。高僧感到了它的畏縮和顫抖。

　　緊接著，山洞裡又進來幾個手持獵槍或棍棒的人，他們非常著急、非常疑惑地在高僧周圍尋找著。

　　高僧先是繼續入定，對人和狼不管不問，置之不理。可是，當他聽說這只狼剛剛咬死一個兒童時，他再無法入定了。

　　他像是說給狼和人聽，又像是自言自語：「我今天的面壁到點了，該回寺院休息了。」說著他就旋身站起，把狡猾的野狼暴露在人們的槍口和棍棒下，然後頭也不回地走出了山洞。

∴道破禪機∴

慈悲要有限度

　　這是一頭很有悟性的狼，它想利用佛家的慈悲心來救自己一條命，但它卻不知道佛門是最疾惡如仇的，可以放你一條生路，但前提是不能超過限度！高僧做得很對，待人是應該慈悲，應該寬容，但也要有個限度，否則就是愚蠢，害人害己。

　　嚴冬的一天，西北風呼呼地刮著，大雪紛紛揚揚地下著。一個農夫從遠處回來打算回家。可是，地真得太滑了。農夫寸步難行，走起路來一步一滑。他穿這一件厚厚的棉衣，一條厚厚的棉褲，一雙又大又厚的棉鞋。突然，農夫的腳下又絆了一下，摔倒了。可是，農夫敢肯定這次他不是被滑倒的。他慢慢地回頭一看，不禁嚇了一跳。原來，他看到了一條身上覆蓋著一層薄薄的白雪，身體已經凍僵了的青花蛇。

看到這條蛇被凍僵了，農夫很可憐這條青花蛇，便解開了衣襟，托起它輕輕地放入懷裡，再繫上衣扣，還用雙手緊緊地抱住胸膛。

農夫繼續向前走，走了一會兒，蛇的身體動了一下，農夫連忙敞開胸懷。他看到蛇的眼睛慢慢地睜開了，感覺到蛇的身體漸漸變熱了。由此可見，蛇蘇醒了。

蛇醒後，裝成非常可憐的樣子對農夫說：「好心人，請你救命救到底吧！」

農夫問：「你要我怎樣幫助你呢？」

青花蛇說：「我現在想吸點血，否則我會餓死的。你就通融通融吧，就吸一口啊！」

農夫還沒反應過來，蛇就露出了兇殘的面孔，它吐著信子向農夫的胸膛咬去。農夫發出「啊」一聲慘叫，倒在地上。

農夫臨死前說：「蛇本來就是狠毒的動物，我不該對它起慈悲之心啊！」

這時，蛇吃飽了，爬到了遠方。

用慈悲之心待人是一種美德，但是要有一個限度，否則無原則的慈悲就是放縱，會害人害己。

因此，我們的慈悲要理智，對應該施以慈悲之心的人和事要盡量去做，不應該的則必須撕開它的偽裝假面具，把它的醜惡嘴臉暴露在光天化日之下。

・禪林清音・・

愛心為本，慈悲為懷，真正的慈悲也是需要智慧去推動的。

7. 刺 客

有個刺客受人10兩銀子之托,前去刺殺六祖高僧。可是六祖高僧早就預見到這個人要來了,於是在桌子上放了10兩銀子,然後靜坐在那裡,等待那個刺客。

六祖高僧說道:「該來了吧?因果,畢竟躲不掉。」剛一說完,那個刺客便飛快地到了六祖高僧面前,明亮的刀放在了他的脖子上。

六祖高僧絲毫沒有畏懼,反而把脖子向前一伸,說道:「桌上有紋銀10兩,請動手吧!」

刺客一怔,揮刀在六祖高僧脖子上連砍三下,可是都像是砍在石頭上一樣,與刀鋒接觸的地方居然還有火花冒出。刺客被嚇得癱坐在地,刀也扔在了地上。

六祖高僧合掌,悠悠地說:「正劍不行邪,邪劍不勝正,因果昭彰,分毫不誤。銀子你拿去,我的命還不能給你!」

刺客伏倒在六祖高僧的腳下悔過,懇求六祖高僧度他出家,以贖自己的罪過。六祖高僧擺擺手:「你快走吧!不然徒弟們知道了,必定不能輕饒於你!你我另有因緣,以後你改頭換面再來,我自會收留你。快走!」

刺客只好揣了銀子躍上屋簷逃了。

後來那個刺客剃髮出家,千山萬水走了很多的路來拜見六祖高僧。

六祖高僧哈哈大笑:「我就知道無論怎樣你都會來的,我已經等你很長時間了!」

刺客羞愧地說：「我因為心生慚愧，沒有面目來見您，實在慚愧得很！」

六祖高僧點點頭說：「修行可以減輕你的罪惡，因果昭彰，慎勿放逸！」

‧‧道破禪機‧‧

寬恕你的仇人

一個要殺自己的人，不管有沒有刺殺成功，稱其為「仇人」是不過分的，面對一個仇人，六祖高僧卻能本著寬容之心，收他為徒，這不僅僅挽救了一個惡人，更體現出了人性的愛和寬容。

二戰時期，蘇聯人民在史達林的帶領下，團結一致，浴血奮戰，在付出巨大的代價之後，終於取得了莫斯科保衛戰的勝利。

戰爭勝利的當天，上萬名疲憊不堪，無精打采的德國戰俘排成長長的縱隊，在荷槍實彈，威風凜凜的蘇聯士兵的押解下走進莫斯科城。

得知戰俘進城的消息後，人們幾乎傾城而出，紛紛湧上街頭。在寬闊的莫斯科大街兩旁，圍觀群眾人山人海，擠的風雨不透。在圍觀的人群中大部分是老人，婦女和兒童。

蘇軍在戰勝入侵的德國士兵的同時，自己也付出了重大的傷亡。這些老人，婦女和兒童就是戰爭的受害者，他們當中許多人的親人，在這場異常殘酷的戰爭中被入侵的德國士兵殺害了。

　　失去親人的痛苦把原本溫和，善良的人們激怒了，他們懷著滿腔的仇恨將牙齒咬得咯咯響，一雙雙充滿血絲與復仇火焰的眼睛齊刷刷的向俘虜走來的方向注視著。

　　為了防止出現意外，大批的軍隊和員警出動組成一堵牆，排在憤怒的人群前面。

　　戰俘出現了，近了，更近了。圍觀的人群開始騷動，有人喊出打倒德國法西斯的口號，有人叫罵著讓殺人的兇手償命，接著人群潮水般地向前湧。負責維持秩序的員警企圖阻止，馬上被洶湧人潮衝得七零八落，最後員警和士兵手拉手組成人牆，好不容易才將人潮擋住。

　　此時，戰俘已經來到人群前面，他們個個衣衫襤褸，步伐蹣跚，每向前邁一步都十分艱難。他們有的頭上裹著繃帶，有的身帶重傷，有的失去手腳躺在擔架上不斷發出痛苦的呻吟。

　　面對激怒的人群，德國戰俘呆滯，木訥的目光中充滿了恐懼與驚慌。出於求生的本能，他們不住的後退。許多戰俘本來就身負重傷，疲憊不堪，在遭到如此驚嚇後癱軟在地。擔架上的重傷號被扔在地上，無力逃脫，拼命的哭號呼救。

　　這時，一位中年婦女在混亂中拼命擠過人牆，衝到一個受傷的戰俘跟前舉拳要打。

　　這是一個失去雙腿的重傷號，他頭上打著繃帶，破爛的軍裝上沾滿了血跡，臉上的稚氣表明他絕不會超過20歲。面對撲面打來的拳頭，他無力躲閃，瞪著驚恐的眼睛，發出絕望的哭泣。

　　驀地，中年婦女停住了，木雕泥塑般站在那裡。她怔

怔的看著年輕的戰俘，心頭一陣劇烈的刺痛，在這個年輕傷號稚氣的臉上，她分明看到了自己剛剛戰死的兒子的影子！

婦女猶豫了一下，歎了口氣，那隻高舉的拳頭無力的垂了下來，婦女從懷裡掏出一塊用紙包著的麵包，輕輕地遞到傷號的面前。年輕的傷號幾乎不敢相信自己的眼睛，他用驚恐的，帶著淚光的眼睛盯著麵包，不敢去接。直到婦女硬把麵包塞在他手中，他才如夢方醒，抓起麵包連裹在外面的紙都顧不上撕，就狼吞虎嚥大吃起來，看得出他一定幾天沒吃飯了，餓壞了。

看到傷號餓成這個樣子，婦女緩緩蹲下身子，用顫抖的手輕輕撫摸著傷號頭上的彈傷，失聲痛哭起來！

悲愴的哭聲撕心裂肺，騷動的人群一下子安靜了下來。人們驚呆了，一個個用驚異的目光注視著眼前的一切。空氣彷彿一下子凝固住了，整條大街一片死寂。

良久，人們才醒悟過來。這時，出人意料的一幕出現了：那些老人，婦女，孩子，紛紛拿出麵包，火腿，香腸等各種食品，一起向受傷的戰俘擁去⋯⋯

面對殺害自己親人的仇人——德國戰俘，為什麼人們反而會地給他們麵包、火腿、香腸呢？因為人們寬恕了他們，他們從這些戰俘的身上看到了自己親人的影子，看到了戰爭的殘酷！一些仇恨都應該停止了，讓寬恕代替仇恨吧，這是感化他人，解放自己的第一步！

⋯禪林清音⋯

心開路就開，心死路就死。

8. 了知自心

有一次，達觀禪師對李端願說：「諸佛都從無中說有，在沒有意義的空虛人生裡找到了生命的意義，因此，世間一切事物都屬於煩惱系縛，眼見的都是鏡影空花。想在現世的生命中尋求不死的靈魂，如同水中撈月。只有真正了知自心，方可無惑。」

李端願誠懇地問：「如何了知自心呢？」

「無論善惡是非、得失成敗，都別想，別計較。」

李端願一怔，立即恍然大悟：「我懂了！我懂了！」

·道破禪機·

凡事不要太計較

如何了知自心，答案很簡單——別太計較。做人應該儘量不要與人計較瑣碎的的利益，要目光長遠，寬容大度，才能有所作為，同時也能為自己營造出一個良好的生活氛圍，獲得幸福、快樂的生活。

1898年冬天，艾迪森繼承了一個牧場，有一天，他養的一頭牛，為了偷吃玉米而衝破附近一戶農家的籬笆，最後被農夫殺死，依當地牧場的共同約定，農夫應該通知艾迪森說明原因，但是農夫沒有這樣做。艾迪森知道這件事後非常生氣，於是帶著傭人一起去農夫論理。

此時，正值寒流來襲，他們走到一半，人與馬車全都掛滿了冰霜，兩人幾乎要冰僵了。好不容易抵達木屋，農

夫卻不在家，農夫的妻子熱情地邀請他們進屋等待。

　　艾迪森進屋取暖時，看見婦人十分憔悴，而且桌椅後還躲著五個瘦得像猴子一樣的孩子。不久農夫回來了，妻子告訴他，他們可是頂著狂風嚴寒而來的，艾迪森想開口與農夫論理，忽然又打住了，只是伸出了手，農夫完全不知到艾迪森的來意，便開心地與他握手，擁抱，並熱情邀請他們共進晚餐。

　　這時，農夫滿臉歉意地說：「不好意，委曲你們吃這些豆子，原本有牛肉可以吃的，但是忽然刮起了風，還沒有準備好，孩子聽說有牛肉吃，高興得眼精都發亮了。」

　　吃飯時，傭人一直等著艾迪森開口談正事，以便處理殺牛的事，但是艾迪森看起來似乎忘記了，只見他與這家人開心得有說有笑。

　　飯後，天氣仍然相當差，農夫一定要他兩個住下，等天好轉了才回去，於是艾迪森與傭人在那裡過了一晚。第二天早上，他們吃了一頓豐富的晚餐後就告辭回去了。

　　在寒流中走了這麼一趟，艾迪森對此行的目的卻閉口不提，在回家的路上，傭人忍不住問他：「我以為你準備去為那頭牛討個公道呢？」

　　艾迪森微笑著說：「是啊，我本來是抱著這個念頭去的，但是，後來我又盤算了一下，決定不在追究了。一頭牛是小事，不必斤斤計較，牛在任何時候都可以獲得，然而一個家庭的幸福與快樂卻並不容易得到。」

　　故事中的艾迪森儘管失去了一頭牛，卻換得農夫一家人的笑容和幸福，這段經歷更讓他懂得，生命中有很多更重要的東西，斤斤計較一頭牛、兩頭牛的得失，實在不是

什麼明智之舉。

　　你呢，是否明白了這個道理呢？也許對任何事都斤斤計較的人看似得到的比別人都多，但其實再多又有何用？爭來爭去的無非是一些微不足道的事物而已，卻失去了擁有笑容和幸福的機會。

∴禪林清音∴

　　別把一些小事看得很嚴重，那樣你會失去更多。

9.　磕絆自找

　　有個寺院的小沙彌，在化緣的時候與一個農婦發生了爭吵，最後兩個人互相撕扯起來，結果兩個人都把對方的臉給抓破了。後來寺院的其他和尚趕來，把他們勸開，並把受傷的小沙彌送回寺院。

　　老法師瞭解了情況後，對小沙彌一句教訓的話也沒有，就張羅著在供品裡為那個農婦尋找布匹，並親自帶著小沙彌去給農婦賠禮道歉、送布匹。

　　這樣一來，那個農婦也變得知情達理了，她還在老法師面前說這個事情都怪自己，不該和來化緣的小沙彌爭吵直至動手。

　　從農婦家回來的時候，天已經很黑了。老法師一個沒注意，被一塊石頭絆倒了。小沙彌扶起法師後，狠狠地朝那塊石頭踢了幾腳。老法師對小沙彌說：「石頭本來就在原地，它又沒動，是我不小心踩上它的，一點兒也不能怪它啊，這次磕絆是自找的，我理應向石頭道歉的……」

小沙彌愣了一陣，終於領悟了法師的開導，自責而歉疚地說：「對不起，師父，是我錯了，今後我一定注重個人的修養，多從自身找問題。」

╔═══ 道破禪機 ═══╗

從自己身上找原因

與人發生矛盾，起了衝突，我們總是習慣於從他人身上找問題，或者一味地從客觀方面找原因，而沒有真正從自身去分析。其實只要仔細分析，就會發現自己身上的問題也不少。

一個樂於助人的青年遇到了困難，想起自己平時幫助過許多朋友，於是去找他們求助。然而對於他的困難，朋友們全都視而不見，聽而不聞。

「真是一幫忘恩負義的傢伙！」他怒氣沖沖地說。

他的憤怒這樣激烈，以至於無法自己排遣，百般無奈，他去找一位智者。

智者說：「助人是好事，然而你卻把好事做成了壞事。」

「為什麼這樣說呢？」他大惑不解。

智者說：「首先，你開始就缺乏識人之明，那些沒有感恩之心的人是不值得幫助的，你卻不分青紅皂白地幫助，這是你的眼濁；其次，你手濁，假如你在幫助他們的時候同時也培養他們的感恩之心，不致讓他們覺得你對他們的幫助是天經地義的，事情也許不會發展到這步田地，可是你沒有這樣做；第三，你心濁，在幫助他人的時候，

應該懷著一顆平常心，不要時時覺得自己在行善，覺得自己在物質和道德上都優越於他人，你應該只想著自己是在做一件力所能及的小事。」

青年頓悟。

在生活中，我們難免會與人產生摩擦，你可曾想過，這些磕碰是不是自找的呢？

不管在何種環境下，面對怎樣的事情，出現問題我們都要從自身先找原因，即使他人有錯，提醒他人的過錯也要等到我們自我反省之後。

·禪林清音·

人生旅途中，大部分的泥濘都是自己踩上去的。

10. 吵架的兩個人

天剛破曉，朱友峰居士就興沖沖地抱著一束鮮花和供果趕到大佛寺，他想參加寺院的早課。

可是，沒料到剛踏進大殿，左側突然跑出一個人，正好與朱友峰撞個滿懷，將他捧著的水果撞翻在地。朱友峰看到滿地的水果忍不住叫起來：「你看！你這麼粗心，把我供佛的水果全部撞翻了，你得給我一個交代！」

那個人名叫李南山，他非常不滿地說：「撞翻已經撞翻，頂多說一聲對不起就夠了，你幹嗎那麼凶啊？」

朱友峰十分生氣：「你這是什麼態度啊？自己錯了還要怪別人嗎？」

接下來，兩個人互相咒罵起來，互相指責的聲音很

大。

廣圄禪師正好經過這裡，問明原委後，說：「莽撞地行走是不應該的，但是不肯接受別人的道歉也是不對的，這都是愚蠢不堪的行為。能坦誠地承認自己過失及接受別人的道歉，才是智者的舉止。」

停了片刻，廣圄禪師又說：「我們生活在這個世界上，必須協調處理的事情太多了。比如，在社會上，如何與親戚、朋友取得協調；在教養上，如何與師長們取得溝通；在經濟上，如何量入為出；在家庭上，如何培養夫妻、親子的感情；在生活上，如何使身體健康；在精神上，如何選擇自己的生活方式。能夠如此，才不辜負我們可貴的生命。想想看，為了一點兒小事，一大早就破壞了一片虔誠的心境，值得嗎？」

聽到這裡，李南山先說：「禪師，我錯了，實在太冒失了！」他說著便轉身向朱友峰說：「請接受我至誠的道歉！我實在太愚癡了！」

朱友峰也由衷地說：「我也有不對的地方，不該為一點兒小事就大發脾氣，實在是太幼稚了！」

∴道破禪機∴

坦然接受他人的道歉

正如禪師所說，坦誠地承認自己過失及接受別人的道歉，才是智者的舉止。承認過失是一種擔當，而接受道歉是一種寬恕。對於許多人而言，往往有勇氣認錯，卻沒有足夠的氣量接受他人的道歉。

　　鬧鐘響了，又是一個星期天的早晨。布朗本來可以好好睡一個懶覺，但是有一種強烈的罪惡感驅使他起身去教堂做禮拜。

　　布朗洗漱完畢，收拾整齊，匆匆忙忙趕往教堂。禮拜剛剛開始，布朗在一個靠邊的位子上悄悄坐下。牧師開始祈禱了，布朗剛要低頭閉上眼睛，卻看到鄰座先生的腳輕輕碰了一下他的腳。

　　「對不起，十分對不起！」那人連連道歉。

　　布朗本來想發火，但無奈正在做禮拜，他壓制住了怒火，一言不發。

　　祈禱開始了，這時鄰座先生的腳又輕輕踩了一下布朗的腳。

　　「對不起，十分對不起！」那人再次道歉。布朗差點就忍無可忍了，如果不是對主的敬仰，他真想對那個人破口大罵。

　　禮拜結束後，大家像平常一樣歡迎新朋友，那人轉身對布朗說：「剛才十分對不起！」

　　布朗也轉身面對這個討厭的男人，決定這時候好好訓斥一下這個無禮的傢伙，沒想到那人自顧自地往下說：「我來這裡已經有幾個月了，你是第一個願意轉身和我說話的人。我知道，我看起來與別人格格不入，但我總是盡量以最好的形象出現在這裡。星期天一大早我就起來了，先是擦乾淨鞋子，打上油，然後走了很遠的路，等我到這裡的時候鞋子已經又髒又破了。」

　　布朗聽後，心中不禁憐憫起來，他十分慶倖自己沒有對那人破口大罵，而是「接受」了他的道歉，聽他說完了

那番話。布朗伸出雙手，與那人緊緊相握。

接受道歉是一種寬恕，當別人因為自己所犯的過錯向你道歉的時候，應該坦然接受他，這既寬慰了別人，也善待了自己。無論面對何人，當他誠心誠意向你道歉的時候，請接受他，你會從此多一個朋友，多一份關懷。

ᴊ·:‧禪林清音‧:·ᴸ

你永遠要寬恕眾生，不論他有多壞，甚至他傷害過你，你一定要放下，才能得到真正的快樂。

11. 高僧讓路

一高僧化緣回來，正趕上狂風驟雨、山洪暴發，通往寺院的唯一的一座獨木橋，在颶風和急流中，已是岌岌可危。高僧趕緊走上獨木橋，急著回寺院。

就在高僧走到獨木橋中間時，對面突然走上來一個手持牛耳彎刀、氣勢洶洶的惡人，他野蠻霸道地擺著手，責令高僧退回去，讓他先過。

高僧武功蓋世，身懷絕技，別說對方拿著牛耳彎刀，就是拿著象牙彎刀他也不怕。可是，高僧畢竟是高僧，他真的咽下這口氣，轉身往回走去。

不知是天意還是造化，就在高僧剛剛回到原岸，那個惡人也走到了一大半時，一個巨浪打來，獨木橋轟然倒入急流中，橋和人都不見了蹤影。

後來，有村人請高僧去超度一個溺水者，高僧一看正是那天強行奪路、橋塌落水之人。

忍讓是一種境界

俗話說得好：「忍一時風平浪靜，退一步海闊天空。」高僧因為一時的忍讓，撿回了一條性命，現實生活中有許多針鋒相對、狹路相逢的時候，我們如果能夠適時忍讓，多多包容，不僅體現出一種內在的修養，更是一種生活的境界。

很久很久以前有一家人，老大叫心，老二叫言，老三叫上，老四叫刀。

心特別好，處處為他人。俗語說：「器量各相懸，賢愚不同科。」一點不錯，無論心怎樣為他人辦事，也不能盡如人意。最可惡的是名叫嘲笑和譏諷的人，根本不相信世上會有如此好的人，更是極力誹謗心。心雖從不計較，但還是不悅。

他去問好友豁達：「有人罵我、辱我、欺我，該怎麼辦？」好友教給他個絕妙的方法：「隨便他、避開他、莫理他。」心開朗起來，更是見善必行，見過必改。

日子久了，沒有不透風的牆。刀知道了心的委屈。刀正年輕，脾氣爆，性格倔強，心是他最敬重的人，刀要為兄長出氣報仇。心挺身上前阻擋刀，眼看刀離心越來越近，心趕緊變大、變廣、變寬、變厚，像盾牌一樣把刀堵在屋裡。言和上也立馬站在大哥身後，肩並肩形成第二道防線。刀怕心流血，就那樣懸掛在心上面，再也不敢往下落。為了彼此不受傷害，他們只好往刀口上加滴水，使之

慢慢鏽去，這就是「忍」和「讓」的由來。

人如果懂得了「忍讓」二字，那麼天將更高，地將更廣，海將更闊、美將更多。在人生的旅途中，誰都可能有遭風遇浪的時候，只要我們都能以寬容之心待人，就能做到忍一時風平浪靜，讓一步海闊天空。

忍是一種真正的智慧，它並不是一味的投降、逃避，而是一種務實、通變的策略，是一種極高的境界。

┌╴∴禪林清音∴╴┐

小忍成仁，大忍成佛。

12. 三十年的仇怨

通慧禪師年幼當沙彌時，有一次，師父要他去打水。

路上，碰巧有一個賣魚的人經過，一條魚不經意地躍入通慧打水的臉盆裡，通慧順手將魚打死。

後來通慧做了住持。有一天，他對他的弟子說：「三十年前一段公案，今日應該了了。」

弟子就追問是什麼事，通慧禪師說：「到正午就會知道了。」

說完就在座上閉目打坐。

當時的統兵張浚是一個念佛虔誠的淨土行者，當他帶兵至關中，經過通慧禪師的寺前，忽然性情大變，暴怒異常，手持弓箭逕自走入法堂，面對著通慧禪師怒目相見。通慧禪師笑著說：「我已經等你好久了。」

張浚說：「我與禪師素不相識，今日一見為何滿腹仇

恨？甚至想置你於死地，自己都不知道為什麼。」

張浚說完仍憤恨不已，通慧禪師就把三十年前自己無心打死一條魚的往事敘述了一遍。張浚聽了之後感動不已，於是說：「冤冤相報何時了，劫劫相纏豈偶然。不若與師俱解釋，如今立地往西天。」

說完就站著死了。通慧禪師一看張浚已往生，就在一張紙上寫道：「三十三年飄蕩，做了幾番模樣。誰知今日相逢，卻是在前變障。」

寫完，通慧禪師自然地在座位上圓寂了。

·:道破禪機·:

收起自己的報復心

古人云：冤冤相報何時了，得饒人處且饒人，這是一種寬容，一種博大的胸懷，而報復只能產生新的仇恨和矛盾，只有寬容和理解才能真正化干戈為玉帛。

一匹馬找到了一塊豐美的草地，常到這裡飽餐一頓。一頭大水牛發現了這個秘密，經常趁馬不注意的時候也跑來吃草。

馬發現後，覺得大水牛侵佔了自己的地盤，想報復它，但自己又無能為力。於是就請人來幫忙。

人說：「馬啊，我也沒有辦法，除非給你套上轡頭，我騎上你，才能追上它、懲罰它。」

結果，人騎著馬懲罰了大水牛，但馬也被栓在了槽頭。

馬最終醒悟：報復別人最終將使自己嘗到惡果。

生活中，報復他人也許當時能得到一時的暢快，但是自己也終將付出一定的代價。何不保持友善的態度，得饒人處且饒人呢？

　　王奮是一個在校學生，一向比較懦弱，不敢和別人發生正面衝突。同宿舍一個同學是個「大舌頭」，一次不經意間說話傷害王奮。王奮就想報復這個同學，常常做些小動作，如趁同學不在的時候，踩他的被子、往他的水瓶裡丟泥沙等。

　　現在，王奮又發現了一個新的報復途徑——網路。

　　他透過匿名的方式在網上罵那個「大舌頭」同學，讓他欣喜的是，居然還有人跟帖，這讓他感覺特別「爽」，看來這個同學得罪的不止他一個人。後來，他還別出心裁地把同學的頭像貼到動物身上，利用這種方式進行報復。

　　「大舌頭」同學不知道從哪裡聽說了這個網站，上網瀏覽了之後便報了案，他認為這對他的名譽有了很大的影響。這時候王奮才開始緊張起來，他沒想到自己的行為居然會觸及到法律。

　　在忐忑不安中，他向父母說出了真相。

　　父母懊悔極了，他們真恨自己當初怎麼沒把孩子的報復心當回事，沒有好好地開導王奮。

　　報復心理是一種不健康的心理狀態，它不僅會對報復對象造成這樣或那樣的威脅，而且也影響自己的心理健康。有報復心理的人，神經經常處於亢奮狀態，容易誤解別人的意思，對別人總有一種戒備和防範心理。長此以往，心胸會越來越狹窄，社交面縮小，很難與人相處，內心非常痛苦。所以，收起自己的報復心吧，冤冤相報何時

了。古話說「饒人不是癡漢，癡漢不會饒人」，「忍得一時之氣，了卻百日之憂」，以武力對付武力，以惡制惡的報復手段並不是解決問題的最終方法，反而會將問題越鬧越大。

憎恨別人對自己也是一種傷害。

13. 泥中蓮花

在日本，耕田的農民被視為賤民，連出家當和尚的資格都沒有。無三禪師雖然出身於賤民，但是他一心皈依佛門，於是假冒了士族之姓，了卻了自己的心願。

無三禪師後來被眾人擁戴為住持，舉行就任儀式的那天，有個人突然從大殿中跳出來，指著法壇上的無三禪師，大聲地嘲弄道：「出身賤民的和尚也能當住持，這是怎麼一回事啊？」

就任儀式莊嚴隆重，誰也沒有想到會發生這樣的事，眾僧都被眼前發生的事弄得不知所措。

在這種情況下，誰也不能阻止這個人說話，只要屏息噤聲，注視著事態的發展。

儀式被迫中斷，現場靜得連一根針掉在地上都能聽得見，眾人都為無三禪師捏了一把汗。

面對突如其來的刁難，無三禪師從容地笑著回答：「泥中蓮花。」

絕妙的佛禪妙語！在場的人全都喝彩叫好，那個刁難

的人也無言以對。

就任儀式繼續進行，這突然的刁難並沒有對儀式有什麼影響，由於無三禪師的佛禪妙語，更增加了他的威信，眾人更加擁護他了。

┌┈∴道破禪機∴┈┐

理智面對他人的刁難

無論貧富貴賤，每個人都有追求真理的權利，面對他人的刁難，無三禪師的一句「泥中蓮花」方顯真人本色。生活中，我們會碰到形形色色的人，也會碰到各種各樣的事。刁難是我們無法避免的，也是不能不正視的。面對刁難，我們應該如何去應對呢？

美國2000年總統大選熱門候選人小布希在波士頓接受記者採訪。記者安迪・希勒以愛給政治領導人找麻煩而出名。當採訪進入高潮時，安迪・希勒突然問道：「您能說出俄羅斯車臣共和國總統是誰嗎？」

「不知道。你知道是誰嗎？」小布希有點為難。

記者又問：「您能說出巴基斯坦掌權的那位將軍的名字嗎？」

小布希似乎有所發覺，敏感地反問一句：「採訪已進入『50個問題』這個節目了嗎？」

安迪・希勒毫不客氣地回答：「我只是向您提幾個熱點地區熱點領導人的問題。」

小布希一時語塞。

記者又問：「那麼您知道印度新總理是誰嗎？」

　　小布希仍有茫然，但他立即反問：「那麼你能說出墨西哥外長的名字嗎？」

　　記者漫不經心地答道：「我不知道！我不想參加總統競選，所以沒有必要知道。」

　　小布希反擊道：「作為一個知名記者，你不知道墨西哥外長，那麼你也是不合格的，但誰都知道你是很合格的。因此不能以這些知識性的東西作為評判的標準。」

　　此言一出，記者無法再糾纏了，只好轉入正題，小布希在得體的答辯中也贏得了觀眾的好感。

　　小布希的回答是精彩的，既化解了刁難，又贏得了人們的好感。那麼，當我們面對刁難的時候，如何才能化險為夷呢？

　　第一，保持冷靜。小布希明知對方在刁難自己，但他始終非常冷靜，依然不卑不亢地回答問題；當對方毫不客氣地向他進攻時，他仍能克制自己心中的怒火，反問對方，使對方難堪。

　　第二，不要回避。回避就意味著失敗、退縮，不戰而敗。20世紀60年代初，美國有位大學校長競選州議會議員。此人資歷很高，又精明能幹，博學多識，看起來勝算極大。但是，選舉期間有個謠言散佈開來：這位校長曾跟一位年輕女教師有那麼一點「曖昧」關係。由於按捺不住對惡毒謠言的怒火，這位候選人在每次集會演說中都回避這件事。其實，大部分選民根本沒有聽說過這件事。但是，現在人們卻愈來愈相信有那麼一回事。

　　公眾們振振有詞地反問：「如果他真是無辜的，為什麼要避而不談呢？」最悲哀的是，連他的太太也開始轉而

相信謠言。最後他失敗了，從此一蹶不振。因此，面對突來的刁難不要回避、退縮，應該表明自己的立場，做出簡單、有力的回答。

第三，撥亂反正。無三禪師的一句「泥中蓮花」幫助他化被動為主動，小布希的一句「作為一個知名記者，你不知道墨西哥外長，那麼你也是不合格的，但誰都知道你是很合格的。因此不能以這些知識性的東西作為評判的標準」也幫助他撥亂反正，化解了尷尬境地。因此，在面對刁難的時候，我們要找準問題的核心，抓住機會反擊，這樣才能反敗為勝。

・禪林清音・

人生在世如身處荊棘之中，心不動，人不妄動，不動則不傷；如心動則人妄動，傷其身痛其骨，於是體會到世間諸般痛苦。

14. 仰山和尚的過失

仰山和尚是潙山禪師的學生。有一年，師徒兩個一年沒見了，彼此都十分掛念，等到見面時，潙山禪師向仰山問道：「這一年你都做了些什麼事？」

仰山說：「我開了一片荒地，然後種了一些莊稼和蔬菜，每天挑水澆地，鋤草除蟲，收成很好。」

潙山禪師贊許地說：「你這一年過得很充實呀！」

仰山和尚便問：「老師，您這一年都做了什麼事？」

潙山笑著答道：「我過了白天就過晚上。」

仰山隨意說道：「你這一年也過得很充實呀！」剛說完，就覺得自己這樣說有欠妥當，話語中似乎帶著諷刺的意味。

於是漲紅了臉，情不自禁地咂了咂舌頭，心想：「我這樣說，老師一定以為我在取笑他，這樣說實在是太不應該了！」

他的這一窘態早就被溈山禪師看破了。就在仰山盤算如何補救的時候，溈山禪師責備他說：「只不過是一句話，你為什麼要看得那麼嚴重呢？」

仰山仔細一想，明白了老師的用意：偶然的小疏忽，或無意的小過失，只要不是成心那樣做的，也沒有造成什麼嚴重的後果，那就隨它去吧，沒有必要老是把它放在心上。想到這裡，仰山便對老師說：「我們開始上課吧！」

老師讚許地點了點頭。

∴道破禪機∴

別讓小過失成為自己的心理包袱

只要是人就會犯錯，如果是一些小錯誤，小過失，無傷大雅，那麼，不必讓這些小事佔據你的內心，太過於介懷，否則是對自己心靈的折磨。

俄國小說家、戲劇家、十九世紀俄國批判現實主義作家、短篇小說藝術大師契訶夫的一部作品《小公務員之死》也說明了這樣一個道理，小說情節是這樣的：

庶務官伊凡‧德米特里‧契爾維亞科夫，坐在劇院第二排座椅上，正拿著望遠鏡觀看輕歌劇《科爾涅維利的鐘

聲》。他看著演出，感到無比幸福。但突然間，他的臉皺起來，眼睛往上翻，呼吸停住了……阿嚏一聲，他打了個噴嚏。

契爾維亞科夫毫不慌張，掏出小手絹擦擦臉，而且像一位講禮貌的人那樣，舉目看看四周：他的噴嚏是否濺著什麼人了？但這時他不由得慌張起來。他看到，坐在他前面第一排座椅上的一個小老頭，正用手套使勁擦他的禿頭和脖子，嘴裡還嘟噥著什麼。契爾維亞科夫認出這人是三品文官布里紮洛夫將軍，他在交通部門任職。

「我的噴嚏濺著他了！」契爾維亞科夫心想，「他雖說不是我的上司，是別的部門的，不過這總不妥當。應當向他賠個不是才對。」

契爾維亞科夫咳嗽一聲，身子探向前去，湊著將軍的耳朵小聲說：「務請大人原諒，我的唾沫星子濺著您了……我出於無心……」

「沒什麼，沒什麼……」

「看在上帝份上，請您原諒。要知道我……我不是有意的……」

「哎，請坐下吧！讓人聽嘛！」

契爾維亞科夫心慌意亂了，他傻笑一下，開始望著舞臺。他看著演出，但已不再感到幸福。他開始惶惶不安起來。幕間休息時，他走到布里紮洛夫跟前，在他身邊走來走去，終於克制住膽怯心情，囁嚅道：「我濺著您了，大人……務請寬恕……要知道我……我不是有意的……」

「哎，夠了！……我已經忘了，您怎麼老提它呢！」將軍說完，不耐煩地撇了撇下嘴唇。

「他說忘了，可是他那眼神多凶！」契爾維亞科夫暗想，不時懷疑地瞧他一眼。「連話都不想說了。應當向他解釋清楚，我完全是無意的……這是自然規律……否則他會認為我故意啐他。他現在不這麼想，過後肯定會這麼想的！……」

回家後，契爾維亞科夫把自己的失態告訴了妻子。他覺得妻子對發生的事過於輕率。她先是嚇著了，但後來聽說布里紮洛夫是「別的部門的」，也就放心了。

「不過你還是去一趟賠禮道歉的好，」她說，「他會認為你在公共場合舉止不當！」

「說得對呀！剛才我道歉過了，可是他有點古怪……一句中聽的話也沒說。再者也沒有時間細談。」

第二天，契爾維亞科夫穿上新制服，刮了臉，去找布里紮洛夫解釋……走進將軍的接待室，他看到裡面有許多請求接見的人。將軍也在其中，他已經開始接見了。詢問過幾人後，將軍抬眼望著契爾維亞科夫。

「昨天在『阿爾卡吉亞』劇場，倘若大人還記得的話，」庶務官開始報告，「我打了一個噴嚏，無意中濺了……務請您原……」

「什麼廢話！……天知道怎麼回事！」將軍扭過臉，對下一名來訪者說：「您有什麼事？」

「他不想說！」契爾維亞科夫臉色煞白，心裡想道，「看來他生氣了……不行，這事不能這樣放下……我要跟他解釋清楚……」

當將軍接見完最後一名來訪客，正要返回內室時，契爾維亞科夫一步跟上去，又開始囁嚅道：「大人！倘若在

下膽敢打攪大人的話，那麼可以說，只是出於一種悔過的心情……我不是有意的，務請您諒解，大人！」

將軍做出一副哭喪臉，揮一下手。

「您簡直開玩笑，先生！」將軍說完，進門不見了。

「這怎麼是開玩笑？」契爾維亞科夫想，「根本不是開玩笑！身為將軍，卻不明事理！既然這樣，我再也不向這個好擺架子的人賠不是了！去他的！我給他寫封信，再也不來了！真的，再也不來了！」

契爾維亞科夫這麼思量著回到家裡。可是給將軍的信卻沒有寫成。想來想去，怎麼也想不出這信該怎麼寫。只好次日又去向將軍本人解釋。

「我昨天來打攪了大人，」當將軍向他抬起疑問的目光，他開始囁嚅道，「我不是如您講的來開玩笑的。我來是向您賠禮道歉，因為我打噴嚏時濺著您了，大人……說到開玩笑，我可從來沒有想過。在下膽敢開玩笑嗎？倘若我們真開玩笑，那樣的話，就絲毫談不上對大人的敬重了……談不上……」

「滾出去！！」忽然間，臉色發青、渾身打顫的將軍大喝一聲。

「什麼，大人？」契爾維亞科夫小聲問道，他嚇呆了。

「滾出去！！」將軍頓著腳，又喊了一聲。

契爾維亞科夫感到肚子裡什麼東西碎了。什麼也看不見，什麼也聽不著，他一步一步退到門口。他來到街上，步履艱難地走著……他懵懵懂懂地回到家裡，沒脫制服，就倒在長沙發上，後來就……死了。

小公務員為什麼死？其實是被自己活活折磨死的！他的一個噴嚏，將軍並沒有放在心上，而他把自己的小過失看得過於嚴重，結果活活把自己套住了！

所以，不要讓小錯誤、小過失成為自己的心理包袱吧，讓他們隨著時間風吹運過，煙消霧散！

·：禪林清音·：

世上的事本身就很平常，沒有必要讓一些小事佔據你的內心。風吹運過，煙消霧散，你會發現天地原來如此澄明，一切都是那麼自然。

15. 大象的轉變

從前，印度的一個國王飼養了一頭大象。它力大無窮，勇敢兇悍，在戰場上能一舉打敗敵方的進攻。如果處決罪犯，它會去執行踏死對方的任務。

有一次發生了火災，大象的住所被燒毀，只好搬遷到另一個住處。在新住處附近有一座寺廟，裡面的和尚常常念經，經文裡有一句話說：「行善者超升天堂，作惡者下沉深淵。」

大象不分晝夜都聽到這句話，感動肺腑，以致性情漸漸溫和，甚至起了慈悲之心。

一天，國王命令大象去踏死一名重大罪犯，罪犯被拖到大象的住地。不料，大象只用鼻尖輕觸了幾下犯人，就自行離去了。

後來凡是被拖來的罪犯，大象全都用這種方式處理。

國王看了大為發火，召集一群大臣訊問原因。

群臣議論紛紛，有一位大臣稟告說：「這隻象的住所旁邊有一寺廟，所以，大象必定是朝夕聽聞佛法的教誨，心生慈悲。如果現在把它放在屠宰場，讓它日夜看見屠宰的情形，必定會再起噁心。」

國王覺得有道理，立刻派人把大象牽到屠宰場附近，讓它每天都看到斬殺、剝皮等殘忍的事情。大象果然又恢復了昔日的惡性，殘忍兇猛的動作愈來愈厲害。

∷道破禪機∷

近朱者赤，近墨者黑

天下一切蒼生，既非善，也非惡，是沒有定性的。全都因環境和對象的不同，才會產生善惡的行為。畜生尚且如此，人類也不例外。

當一個人結交的都是善良、賢德之人時，不能說他一定有多善良、賢德，但至少不會無惡不作；但是在一個無惡不作的人背後，一定有一群邪惡之人，這是所謂的「近朱者赤，近墨者黑」。

路人與泥土在花園裡展開了這樣一段對話：

路人驚訝地問泥土：「你是從大城市來的珍寶嗎？還是一種稀有的香料？或者是價值珍貴的材料？」

泥土說：「都不是，我只是一塊普通的泥土而已。」

路人問：「那麼你身上濃郁的香味從那裡來的？」

泥土說：「我只是曾在玫瑰園和玫瑰相處了很長了一段時間。」

　　泥土和玫瑰相處，吸收玫瑰的芬芳，久而久之，就會有相同的味道，也能夠為別人帶來了香味。正如人也一樣，和一群善良的人在一起玩，必會養出善良的心靈，和一群品質惡劣的人在一起，不邪惡也難。

　　有一個想買馬的人，他想先試驗一下這匹看中的馬。他把馬拉回到馬圈，結果發現這匹馬和一匹很懶的馬成為了朋友，這個馬的主人立馬把馬遷回了市場，還給了馬的賣主。馬的賣主說：「這麼快就試好了？」

　　他說：「我只要知道他和什麼樣的馬做朋友，我就知道他是什麼樣的馬了。」

　　你的朋友圈子如何呢？善良、賢德之人多，還是品性堪憂之人多？重新審視一下自己的朋友圈子吧，你的朋友圈子決定你成為一個什麼樣的人！

∴禪林清音∴

　　天下一切蒼生，既非善，也非惡，是沒有定性的。全都因環境和物件的不同，才會產生善惡的行為。

第六篇　但盡凡心　戒除瞋癡

1. 到處找「我」的禪師

無根禪師入定三天，被人家誤以為已經圓寂了，就把他的身體給火化了。又過了幾天，無根禪師的神識出定時，卻找不到他的身體，悲慘地叫喊：「我呢？我在哪裡呢？」於是，眾僧人找來妙空禪師。

夜深了，找身體的無根禪師又來了，很悲傷地說：「我呢？我到哪裡去了啊？」

妙空禪師很安詳地回答：「你在泥土裡。」

無根禪師鑽進了泥土，東找西找，找了很久，卻沒有找到，很悲傷地說：「土裡面沒有我啊！」

妙空禪師說：「那你可能是在虛空中，你到虛空中找找看吧。」

無根禪師進入虛空中尋找了很久，仍然淒切地說：「虛空裡也沒有我啊！我究竟在哪裡啊？」

妙空禪師指著水桶說：「大概在水裡吧！」

無根禪師自地進入水中，不久，哀傷地出水說：「我在哪裡呢？水裡也沒有啊！」

妙空禪師指著火盆說：「你在火裡面。」

無根禪師進入火中，但仍然很失望地出來了。

這時妙空禪師才認真地對無根禪師說：「你能夠入土、下水，也能進入熊熊火中，更能自由自在地出入虛空，你還要那個渾身骯髒、處處不自由的空殼子做什麼啊？」

無根禪師聽了之後，猛然省悟，再也不吵鬧找「我」了。

·: 道破禪機 ·:

不要被慾念束縛了自己

對於無根禪師來說，他念念不忘的肉身就是一種慾念，因為這種慾念，他一直尋尋覓覓，忘了自己的精神已經進入了更自由的天地，束縛住了自己。對於我們來說，社會上的金錢、名利等等各種各樣的慾望同樣會束縛住我們自己，讓我們身在自由中卻不覺自由，身在幸福中卻不覺幸福。

小A最初的計畫，只是想買一輛代步的車，總價三十萬元左右。他當時考慮買一輛二手車。有同事說，二手車總不好吧，三十萬元應該可以買輛新車了。小A覺得挺有道理，於是把買二手車的計畫放棄了。

小A選定了街面上到處在開的「普通型」，可是一些朋友說了，「普通型」太平常了，也不像家庭用車，加上十多萬，可以買更好的車型。小A想想也對，如果車子高檔些，也挺有面子的。於是他把購車資金從三十萬升到五十萬。

他到汽車城挑車，車子實在太多了。導購員說，五十

萬的車只能算是入門級，如果能再加十萬元，就可以買到更好的車。

小A一考慮也對，自己是工薪階層，不可能換車，如果添一萬元可以買到更好的車，何樂而不為呢。於是，他把購車資金提高到了六十萬。

但他在選車過程中，發現車輛的配置五花八門，空調是不是自動的，CD是不是六碟的，有沒有天窗，座椅是不是真皮的，氣囊有幾個……

導購員對他說，如果是自動恒溫空調，駕駛的時候會感到更舒適。小A覺得有道理，選了有自動恒溫空調的車。導購員說，CD如要是六碟的，那就不需要經常換碟了，小A覺得有道理，選了配有六碟CD的車。導購員說，如果有天窗，那有陽光的時候，帶家人去兜風，會更惬意，小A覺得有道理，選了有天窗的車……

車子選定後，車價飆升到七十多萬。

小A覺得價格高了，但導購員說，這樣的車既可家用，又可商用，開出去，很有面子。小A覺得非常有道理，準備下單。

回來後，和同事、朋友聊起這車，但不少同事、朋友說，車價有點高了，如果買這車，不如再加點錢，買輛自動豪華型的，開起來輕鬆，而且你太太也可以使用。

小A考慮了一下，覺得這個建議挺好。

他把所有銀行存款拿了出來，用八十五萬元買了一輛集「優點」於一身的新車。

小A每天開著這輛車，卻很憂慮。養車每月需要五千多元，家庭裡沒有餘錢，心裡總是空落落的。前段時間，

他的母親患了一場大病，小A不得不借了25萬元。

　　本以為有了車自己會很快樂，誰知自己被這車「套」住了。原先小A的車每天都擦得鋥亮，現在，這車灰撲撲的，經常停在樓下，他能不開就不開，小A說，省點油錢也是好的，現在，小A連折價賣車的念頭也有了。

　　促使小Ａ一步一步提高車價的根本原因就是「慾念」，慾念是個無底洞，隨著它的一點點加碼，煩惱也在一絲絲增加，最後，人們原本平靜的生活就被慾望給毀了，本來應該很快樂的生活，反而過得一絲快樂都沒有。你一定要學會控制自己的慾念，這樣才能讓自己的生活回歸恬淡。

∵禪林清音∵

　　如果你不給自己煩惱，別人也永遠不可能給你煩惱。

2. 用沙子供養佛

　　有一次，佛托著缽出來化緣，遇到兩個小孩在路上玩沙子。他們看見佛，就站起來非常恭敬地行禮，其中一個孩子抓起一把沙子放在佛的缽盂裡，說：「我用這個供養你！」

　　佛說：「善哉！善哉！」

　　另外一個孩子也抓起一把沙子供在佛的缽盂裡。佛就預言，百年後，一個是英明的帝王，一個是賢明的宰相。

　　百年後，一個孩子當了國王，就是歷史上有名的阿育

王;另一個就是他的宰相。在典籍中,關於阿育王的史實與傳說很多:比如,他曾經打敗東征的亞歷山大;他建的一座寺廟曾經飛到中國來,就是浙江寧波的阿育王寺。

·道破禪機·

行善不可存私心

阿育王的一把沙子就得到了這麼大的回報,很多人向寺廟裡捐金捐銀,什麼好處也沒見到。這是什麼原因呢?因為捐金捐銀者動機不純,或者是為了炫耀自己的好心,或者是出於對未來的渴求,或者是出於對過去所行惡事的恐懼,總之都無誠意。阿育王和他的夥伴卻僅僅是出於一念之善,沒有任何私心雜念。

一個貧窮的少年為了攢學費,挨家挨戶地推銷商品。有一天,他跑了很多地方,什麼東西也沒有賣出去。他感到又累又餓。他想買東西吃,但摸遍全身,只有一角錢。怎麼辦呢?他決定向人家討口飯吃。

他敲開一戶人家的門,開門的是一位美麗的少女。少年正處於青春期,他怎麼好意思向美女討東西吃呢?於是,他只是小聲地請求對方給一口水喝。少女看出他很饑餓,就拿了一大杯牛奶給他。男孩慢慢地喝完牛奶,問道:「我應該付多少錢?」

「一分錢也不用付。」少女回答,「媽媽教導我們,施以愛心,不圖回報。」

男孩說:「那就請你接受我衷心的感謝吧!」

然後,男孩離開了。

多年後，那位好心的美麗少女，不幸得了一種罕見的病，當地的醫生束手無策，她被轉到大城市醫治，由專家會診。

經過艱辛的努力，手術成功了。當醫藥費通知單送到這位特殊的病人的手中時，她嚇得不敢看。因為她確信，那一定是個天文數字，足夠讓她花去全部家產。

最後，她還是鼓起勇氣，翻開了醫藥費通知單，旁邊的那行小字引起了她的注意，她不禁輕聲讀了出來：「醫藥費：一大杯牛奶。霍華德·凱利醫生」。

原來，在參與會診的專家中，有個名叫霍華德·凱利的著名醫生，他就是當年那個接受過一杯牛奶的男孩。凱利醫生認出了床上躺著的病人是誰，因為這麼多年來，他從來沒有忘記過那杯牛奶和那個少女溫和的笑臉。

一杯牛奶的價值跟一大筆醫藥費是無法相提並論的，但它們附著的善心是相同的。如果為了回報而給人一杯牛奶，它的價值就僅僅是一杯牛奶，由此可見善心之可貴。

·禪林清音·

但求付出，不圖回報。

3. 貪心的漁夫

有人問定遠禪師：「世界上什麼最可怕？」

禪師答：「人的貪心。」隨之講了下面這個故事：

從前，有一個貧窮的漁夫，他每天早出晚歸出海捕魚，賣魚的錢除了吃飯、穿衣等必需的日常開銷外，剩下

的就不多了。漁夫對辛辛苦苦的捕魚生活很不滿意，一心只想著發財。

村子裡一直有一個傳說：「附近海底下有一艘裝滿了金銀珠寶的輪船，是遇上大風浪沉沒的。誰能找到它的話，就能變成富翁啦！」

漁夫聽說以後，興奮地自言自語道：「我為什麼不去碰碰運氣呢？說不定真能找到那條船，那我就可以不用捕魚而天天享福了！」

於是，漁夫每天只用半天時間捕魚，另外半天時間就花在尋找沉船上。

老天對於肯下功夫的人總是格外照顧的。

一天，漁夫又劃著舢板出海，一方面是為了釣魚，另一方面是為了尋找沉船。中午時分，漁夫忽然覺得魚鉤很沉。「一定是條大魚，」漁夫心裡想，高興得拚命拉繩子。拉了半天，也不見魚兒的動靜。

「咦，不對呀，是魚怎麼不動呢？如果不是魚，那又會是什麼東西呢？」漁夫抑制不住自己的好奇心，仍吃力地拉著，想看看究竟是什麼玩藝兒。

啊，終於拉上來了。漁夫只覺得眼前一亮，一條金光燦燦的大金鏈出現了。

「一定是那艘珠寶船上的。」漁夫高興得快要發瘋了，「哈哈，這回我變成大富翁啦！」

可是，這條金鏈也不知道多長，舢板已經裝滿了，眼看快要沉沒了，還是拉不完。

漁夫一邊拚命地拉，一邊計畫著，買個大莊園，建幢大房子，再配上足夠的僕人……他沉浸在穿豪華衣服、吃

山珍海味的想像中了。

　　這時只聽得「轟」地一聲，小舢板承受不了超量的負載，終於沉沒了。

　　漁夫也帶著他那沒做完的發財夢葬入了海底。

·:道破禪機:·

貪心會使人失去一切

　　人心不足蛇吞象，上面故事裡的漁夫貪心地想多得到一些金子，結果白白葬送了自己的生命。生活中形形色色的貪婪，會把無數癡迷者送上不歸路。

　　有一個農夫，每天日出而作，日落而息，辛苦地耕種一小片貧瘠的土地，每天累死累活，收入卻只是勉強可以糊口。

　　一位天使可憐農夫的境遇，想幫他的忙，於是天使對農夫說，只要他能不停地往前跑一圈，他跑過的地方就全部歸他所有。

　　於是，農夫興奮地朝前跑去。跑累了，想停下來休息一會兒，然而一想到家裡的妻子兒女們都需要更多的土地來生活，又拼命地往前跑……

　　有人告訴他，你到該往回跑的時候了，不然，你就完了。農夫根本聽不進去，他只想得到更多的土地，更多的金錢，更多的享受。於是，他不停地跑，竭盡所能……

　　可是，他終因心衰力竭，倒地而亡。生命沒有了，土地沒有了，一切都沒有了，貪心使他失去了一切。

　　人們往往無法逾越「貪婪」這條鴻溝，甚至會因為過

度的貪心而毀滅了自己。當一個人想要貪占世界上所有東西的時候，災難就來了。

做人必須要通透，慾望是沒有止境的，不應該在貪欲中迷失了自我，遇事要放得下，捨得了，不要讓貪欲控制了自己，這樣才能活得自然，活得輕鬆。

┌──·禪林清音··┐

生即是死，死即是生，超然於物外，落得自在灑脫才是人生的本真。

4. 金錢和毒蛇

一天，釋尊帶著阿難在舍衛國的原野上漫步。

釋尊忽然停步說：「阿難，你看前面的田埂上，那塊小丘下藏著可怕的毒蛇！」

阿難停下了腳步，隨著釋尊手指的方向望去，看了之後也說：「果然有條可怕的大毒蛇。」

這時附近有個農夫在耕田，他聽見了釋尊和阿難的對話，聽說田裡有條毒蛇，便走向前探看，在那塊小丘似的土包下，發現了埋在土裡的一壇黃金。

「明明是一壇金子，可這些和尚偏偏說是毒蛇，真不懂他們怎麼想的。誰能有我這樣的運氣，鋤地鋤得一壇黃金，帶回家去，下輩子也不愁吃喝了。」農夫一邊自言自語，一邊挖出那壇金子，匆匆帶回家去。

原先窮困潦倒的農夫連一日三餐都成問題，現在突然發了筆橫財，自然樂不可支，開始大量地添置著新衣、

傢俱，頓頓都吃精美的食物。

　　同村的農夫們頗感疑惑，流言四起，一傳十，十傳百，沒過多久就傳到官府，官吏把他找來問話說：「聽說你向來很窮，最近一夜之間成了大富翁。這錢是從哪裡來的，是偷的嗎？快從實招來。」

　　農夫無法回答，被扣在官府，整日逼問，不勝其煩，但又無法證明自己不是小偷。

　　家人花錢買通官吏，只希望能保住他一條性命，但所有的錢都花光了，仍然救不出他。

　　農夫最終被宣判了死刑。受刑這天，農夫望見斷頭臺，心中恐懼萬分，口裡不斷叫嚷道：「那的確是條毒蛇啊，阿難！真是條大毒蛇啊，釋尊！」

　　官吏聽見這怪異的言論，認為其中必有緣故，就將此事稟告了國王。

　　國王把農夫叫來問道：「你犯了偷盜罪，受刑時不斷地叫嚷：『那確是條毒蛇啊，阿難！真是條大毒蛇啊，世尊！』到底是什麼意思？」

　　農夫惶恐地稟告國王說：「大王啊，有一天我正在田裡耕作，釋尊帶著弟子阿難從這裡經過。他們看見埋藏黃金的地方，都說有條毒蛇，是條大毒蛇，可是我卻不相信，偏偏挖起金子搬回家裡。我今天落到這個地步，才明白黃金是條大毒蛇的真諦。黃金能使我富貴，也能使我喪命，它實在比大毒蛇更可怕啊！」

金錢猛於毒蛇

　　適當的金錢可以改善人們的生活水準，但是，過多的金錢則猛於毒蛇！它可以使人喪命，可以使人失去理智，可以使人心性大變，可以使人……理智地面對金錢吧，不要被這條「毒蛇」咬得體無完膚！

　　有個老魔鬼看到人間的生活過得太幸福了，他說：「我們要去擾亂一下，要不然魔鬼就不存在了。」

　　他先派了一個小魔鬼去擾亂一個農夫。因為他看到那農夫每天辛勤地工作，可是所得卻少得可憐，但他還是那麼快樂，非常知足。

　　小魔鬼就開始想，要怎樣才能把農夫變壞呢？他就把農夫的田地變得很硬，讓農夫知難而退。

　　那農夫敲半天，做得好辛苦，但他只是休息一下，還是繼續敲，沒有一點抱怨。小魔鬼看到計策失敗，只好摸摸鼻子回去了。

　　老魔鬼又派了第二個去。第二個小魔鬼想，既然讓他更加辛苦也沒有用，那就拿走他所擁有的東西吧！那小魔鬼就把他午餐的麵包跟水偷走，他想，農夫做得那麼辛苦，又累又餓，卻連麵包跟水都不見了，這下子他一定會暴跳如雷！

　　農夫又渴又餓地到樹下休息，想不到麵包跟水都不見了！「不曉得是哪個可憐的人比我更需要那塊麵包跟水？如果這些東西就能讓他得溫飽的話，那就好了。」又失敗

了，小魔鬼又棄甲而逃。

老魔鬼覺得奇怪，難道沒有任何辦法能使這農夫變壞？就在這時第三個小魔鬼出來了。他對老魔鬼講：「我有辦法，一定能把他變壞。」

小魔鬼先去跟農夫做朋友，農夫很高興地和他作了朋友。因為魔鬼有預知的能力，他就告訴農夫，明年會有乾旱，教農夫把稻種在濕地上，農夫便照做。

結果第二年別人沒有收成，只有農夫的收成滿坑滿谷，他就因此而富裕起來了。

小魔鬼又每年都對農夫說當年適合種什麼，三年下來，這農夫就變得非常富有。他又教農夫把米拿去釀酒販賣，賺取更多的錢。慢慢地，農夫開始不工作了，靠著經濟販賣的方式，就能獲得大量金錢。

有一天，老魔鬼來了，小魔鬼就告訴老魔鬼說：「您看！我現在要展現我的成果。這農夫現在已經有豬的血液了。」只見農夫辦了個晚宴，所有富有的人都來參加；喝最好的酒，吃最精美的餐點，還有好多的僕人侍候。他們非常浪費地吃喝，衣裳零亂，醉得不省人事，開始變得像豬一樣癡肥愚蠢。

「您還會看到他身上有著狼的血液。」小魔鬼又說。這時，一個僕人端著葡萄酒出來，不小心跌了一跤。

農夫就開始罵他：「你做事這麼不小心！」

「唉！主人，我們到現在都沒有吃飯，餓得渾身無力。」

「事情沒有做完，你們怎麼可以吃飯！」

老魔鬼見了，高興地對小魔鬼說：「唉！你太了不

起！你是怎麼辦到的？」

小魔鬼說：「我只不過是讓他擁有金錢而已！」

金錢會迷人心性，如果把握不好自己，那麼，它可以害人一生！

在現在這個經濟社會，許多人一味地追求金錢，殊不知，幸福的生活，成功的人生並不是金錢多少來決定的！有多少有錢人沒有快樂，有多少貪官污吏最終走向了死亡……把握好自己對金錢的慾望吧，這是人生對我們的考驗，通過了考驗，我們就能收穫幸福與成功！

╭┅**・禪林清音・**┅╮

人對金錢的慾望一旦無休止地膨脹起來，就會迷失自己的心性。

5. 年輕人吃齋

有一個年輕人，多才多藝，但真正的學業卻一直沒有太大的長進。於是去請求一位禪師指點迷津。

這位禪師見到他後，並沒有說什麼，只是先請他大吃一頓。

桌子上擺滿了上百種不同花樣的齋飯，大多數是這個年輕人所未曾見過的。開始用齋的時候，他揮動著筷子，欲要嘗盡每一道菜。當用飯結束後，他吃得十分的飽。

禪師於是問：「你吃的都是些什麼味道？」

他摸了摸肚子，很為難地說：「百種滋味，已難以分辨，只有撐脹。」

禪師又問：「那你可否舒服，滿足？」

他答道：「很痛苦。」

禪師笑了笑，說：「要想品嘗到真滋味，吃得舒服、滿足，怎可貪多？只有懂得捨棄，才能得到。」

年輕人頓時徹悟，幾年之後他終於金榜題名，成為了一代有才學之人。

﹒﹒道破禪機﹒﹒

有捨才有得

孟子曰：「魚，我所欲也，熊掌，亦我所欲也，二者不可得兼，捨魚而取熊掌者也。」從古至今，有無以數計的著名人物，取得了流芳千古的豐功偉業，無不得益於對「捨得」二字的把握和了悟。人是如此，萬事萬物又何嘗不是這樣呢？

蛇是在蛻皮中長大的，金是在砂礫中淘出的，每個人都應該懂得捨與得的問題，把握住其中微妙的平衡，才能獲得最終的成功。

長沙有家國有研究院成功改制的上市公司，叫中聯重工，是中國目前規模較大的建築機械設備製造商之一，產品遠銷世界多個國家。中聯重工的發展也是經歷了「捨」之後才有的「得」。

1993年7月1日，中聯公司開發生產出了第一代混凝土輸送泵，當年就生產100台，銷售額為3000萬元。

但是，由於第一代產品技術不成熟，有的泵車出現故障，遭遇顧客投訴。董事長詹純新當機立斷，下令宣佈停

止生產，召回已經售出的混凝土輸送泵，並要求技術人員重新設計、研製開發第二代產品。

那時的中國，到處都是工地，建築機械產品供不應求。「當時給中聯交預付金都是排隊的，每台10萬人民幣的預付金，當時已經交定金的就有20台，每台產品的售價都是數以百萬元計的。但是，我們的產品有問題就必須停產。」詹純新回顧當時的情況時這樣說道。

詹純新帶領科研人員集體攻關，反覆實驗，終於在1994年7月1日研製成功第二代產品，半年就創產值4000多萬元。隨後，中聯又用以舊換新的方式，將100台第一代產品全部召回，此舉在用戶中產生了強烈的共振效應，中聯重工迅速成為建設單位信得過的企業。

現在，中聯重工已經有了第八代產品，在世界各地的建築工地上，都能見到「Zoomlion」的字樣，在國內市場的佔有率更是遙遙領先。

人生在世，說穿了也就是一個不斷選擇和變化的過程。除了自己的父母無法選擇外，其他的都可以選擇，比如選擇你的工作，選擇你的伴侶，選擇你對人生的態度等等。選擇的關鍵正在於你能否在人生得與失的關鍵點上舉重若輕，拿得起，放得下。

詹純新明白「捨得」的道理，所以他的企業口碑越做越好，效益越做越高。「捨得」是一種智慧，如果你無法放下一些，你便無法拾起一切。

∴∴禪林清音∴∴

大捨大得，小捨小得，不捨不得。

6. 和尚偷「心」

　　小和尚幫老和尚塑佛像，就在佛像快塑好的時候，老和尚自語說，該給佛像放心靈了，並隨手在佛像泥胎的心臟部位放上一顆碩大的晶體。然後，就叮囑小和尚說，這是寺院的鎮寺之寶，是一顆天然的鑽石，一定要終生嚴守機密，並要用生命和鮮血去守護去捍衛它。小和尚連連點頭，一副敬畏的模樣。

　　可是，過了不久，當小和尚值更時，在一個月黑風高的深夜，他居然砸碎了佛像，盜走了那個沉甸甸的鑽石。

　　幾年過後，老和尚應邀參加一個佛事典禮，在回來的路上遇到一個蓬頭垢面的乞丐，覺著眼熟，就走上前去看個究竟，果然不出所料、應了老和尚的法眼──這個乞丐就是當年盜走佛像「心靈」的小和尚。

　　這時，黃皮寡瘦、弱不禁風的小和尚也認出了師父，馬上雙膝跪地，叩頭如搗蒜，請求師父饒恕他的罪行，把他帶回寺院，頤養天年。

　　老和尚連念阿彌陀佛，問小和尚那顆鑽石的下落。小和尚說，那是一顆假鑽石，一個銅板都不值，被他隨手丟棄了。

　　老和尚仰天長歎之後，無可奈何地說：「你連佛祖的心靈都敢偷，接著又隨手丟棄，你自己的心靈就可想而知了。別說把你帶回寺院，就是把你帶上如來佛祖的瑤台，你也無法超度了……」

保持一顆純潔的心靈

小和尚因為盜走了佛像的「心靈」上的那顆假鑽石，最終淪為乞丐。其實，讓小和尚淪為乞丐的是他自己的那顆骯髒的心靈。如果他不是心存歹念，貪戀錢財，怎麼會有最後的下場呢？

美好的心靈猶如鑽石，每一個人都應該有一塊晶瑩剔透的心靈鑽石，它使人的生命得到昇華，靈魂得到淨化。

一天錢財和純潔心靈碰上了，錢財對純潔心靈說：「喂！你不是以前的處境也不錯嗎？現在喜歡我的人可是比你多多了！」

純潔心靈回答：「那是因為人們不瞭解你的可怕。」

錢財不服氣，說：「那我們比一比！我們兩就坐在這兒，看人們選擇哪個，選我錢財的我就給他五千萬台幣！選你的你就讓他擁有純潔心靈。我們看看兩個人誰最幸福！」

有兩個人分別選擇了錢財和心靈，一開始，擁有錢財的人過得非常幸福，他整天吃喝玩樂，揮金如土，可是五千萬用完之後，他只好終日以乞討為生。而那個擁有純潔心靈的人，深得周圍朋友、同事、領導的喜愛，婚姻幸福美滿，工作步步高升，後來他自己開辦了一家公司，成了一名成功的企業家。

錢財看看自己敗局已定，不甘心地說：「哼，你別得意，終有一天人們會忘記你的！」

純潔心靈微微一笑，說：「你快覺悟吧！錢財終有用完時，而純潔的心靈卻用之不盡呀！」

純潔的心靈就像蔚藍天空的一朵朵白雲，樸素典雅，出淤泥而不染，不要貪圖錢財，心存歹念，讓自己擁有一顆純潔的心靈吧，保持自己心靈的淨度，就能迎接絢麗的人生！

‥‥禪林清音‥‥

追逐物慾一定會迷失自己。

7. 光影似虎皮

烈日炎炎的午後，一個小沙彌耐不住酷暑和煩悶，偷偷跑出念經的禪房，躲到一棵大樹的陰涼裡酣睡，被師傅叫醒了。

他迷迷怔怔地爬起來，睡眼惺忪地看著師傅，吞吞吐吐地說：「這、這裡，樹影斑駁、涼風習習，多、多麼好的地方和、和光景啊！」

「我看著不好，」師傅不慍不火地說，「這種地方和光景太可怕了！」

「有什麼可、可怕的？」小沙彌訥訥地問。

「太可怕了，」師傅語氣森森地說，「我分明看到了斑斕的虎皮！」

「虎、虎皮？」小沙彌緊張起來，憚憚怵怵地問師傅，「哪、哪有虎皮？」

「你仔細瞧瞧，」師傅指著斑駁的樹影，繪聲繪色地

說，「這光影不像虎皮嗎？它引誘人貪圖安逸，實在是一隻猛虎啊！」

回禪房的路上，師傅又語重心長地對小沙彌說：「夏熱冬冷、春困秋乏，就好比猛虎的四隻利爪，每時每刻都在剝奪著人們的意志和恆心，稍不留神就會葬身『虎腹』啊！」

小沙彌終於幡然醒悟。

∴道破禪機∴

不要貪圖安逸的生活

貪圖安逸是人性中的劣根性，孟子云：「生於憂患，死於安樂。」貪圖安逸容易使人不知道珍惜光陰與自己的生命，一味的放縱物質享受的慾望，追求荒淫無度和醉生夢死的生活，最後發現自己越來越空虛，可後悔已經晚矣。

有個男人死後被鬼差帶到了地獄，見到了這裡的人都生活安逸，於是滿心歡喜地想：「這裡的人每天都不用幹活，除了吃飯就是睡覺，這裡簡直就是天堂。我生前過得太辛苦了，死後終於可以歇歇，好好的享受生活了。」

這個人問身邊的鬼差：「這裡是地獄嗎？真的難以相信！」

鬼差看穿了他的心思，語帶譏諷地說：「你說的沒錯，這裡就是地獄。在這裡，你再也不用幹任何活，除了吃飯就是睡覺，但千萬別認為這就是享受，過段時間你就會知道，這才是真正的折磨這裡就是地獄。」

　　男人根本不相信鬼差說的話，心想：「頓頓都是美味佳餚，享用不盡想什麼時候睡覺就甚麼時候睡覺，想睡多久就睡多久。這不是我生前想要的生活嗎？早知道如此，我還不如早點死了呢！」

　　起初，這樣的生活的確使他有一種快活似神仙的感覺，可日子久了，心裡便覺得有一個窟窿，而且在這裡待的時間越久，這個窟窿越大！終於有一天男人忍受不了了，找到鬼差請求道：「每天在這裡，吃了睡，睡了吃，除了這兩樣，什麼都不幹，這和豬有什麼區別呢？您能不能分配給我一份工作，苦點累點都沒關係，只要別讓我在過這樣的生活就行了。」

　　鬼差冷哼道：「這裡什麼都有，就沒有工作！」

　　男人沒辦法，只得怏怏回去。又過了一段時間，男人覺得心裡有無盡的空虛和寂寞，心裡的窟窿快要把它吞噬殆盡，只得又找到鬼差，央求道：「我在這裡實在過不去了，如果實在沒辦法，求您讓我下地獄吧，起碼也比現在好過！」

　　鬼差回答：「第一天我就告訴你這裡就是地獄，可你當初一心以為這裡是天堂，愚笨的人啊。」

　　確實是個愚笨的人，然而，現實生活中愚笨的人還少嗎？現在有許多人奉行「工作越清閒越好，活動量越輕越好」的生活準則，胸無大志，貪圖安逸，終日無所事事，懶於用腦，四肢懈怠，飽於口福；有的甚至每天大部分時間是在沙發和床上度過的，電視、網路、麻將、歌廳等任君逍遙……豈不知，如此「享福」，往往會因福得禍，在不知不覺中慢慢的走向毀滅。

將生命耽於安逸、放縱，只會得到愁苦與悲哀。

8. 金匠和鐵匠

　　從前，一個村子裡住著一個金匠和一個鐵匠。他們倆來往較多，漸漸成了朋友。鐵匠信奉佛教，心地善良，而且非常刻苦勤勞。金匠也同樣辛辛苦苦地工作，但心眼有些不好，總愛占小便宜。

　　每天傍晚，金匠都要到鐵匠家裡來，東拉西扯地瞎聊，臨走時他總要拿走一件鐵匠做的東西。可憐的鐵匠做成一件東西不容易，而且他又很窮，可是為了朋友之間的友情，他從來不對金匠說什麼，也從不拒絕。

　　有一天，鐵匠花費整整一天的工夫做了一個鐵桶。這個鐵桶做得非常好。

　　鐵匠想：「這個桶可以賣不少錢！」這時，金匠進來了。他很喜歡這只鐵桶，提起鐵桶對鐵匠說：「你弟媳婦見了這個桶，一定會很高興！」

　　金匠提著鐵桶走了。可憐的鐵匠只能眼睜睜地看著他把鐵桶拿走，鐵匠受的損失太大了。一連好幾天，他一直在想：金匠每天都來拿東西，到哪天才有個完呢？心裡十分不痛快的鐵匠來到了寺院，請求禪師的開導。

　　禪師聽了鐵匠的敘述，微微一笑，對他說：「你也同樣對待他不就可以了嗎？」

　　後來，鐵匠來到金匠家。金匠說：「你弟媳婦見了你

的鐵桶，高興得不得了！」

鐵匠說：「這麼一點薄禮就讓你們夫婦倆這樣喜歡，我真是感到太高興了！」

這時，鐵匠的目光落到了金匠店裡的一只金項圈上。這只項圈非常貴重和漂亮，上面鑲嵌著珍珠和寶石，是金匠花了好幾個月的工夫才做成的。

鐵匠拿起項圈對金匠說：「我的好兄弟，你的手藝真是太高了！這項圈做得多好啊！你嫂子一定喜歡，她戴了準高興！」

鐵匠說完拿著金項圈回家去了。金匠既不能阻攔他也不能去把項圈討回來。為什麼不能討回來？因為他以前從鐵匠家拿東西回來，是從來不還回去的。

金匠垂頭喪氣地坐在那裡，心裡想：到現在為止，我從鐵匠家裡拿回來的東西算在一起，價值總共也不會超過金項圈的一半！

從此，這位金匠再也不去拿他的鐵匠朋友的東西了。

··道破禪機··

貪小便宜吃大虧

貪小便宜是許多人都有的毛病，所以在生活中，一些「丟地撿」、「拋磚引玉」等圈套屢試不爽，總有人上當。中國有句古話，叫「貪小便宜吃大虧」，好貪小便宜的人，看到的只是眼前最近地方的利益，而這種利益往往包藏著一定的危險。

年終的時候，甲和鄰居乙各挑著一擔柑橘坐船到城裡

叫賣。兩人的妻子囑咐他們：「新年將近，柑橘賣畢，順便帶些年貨、布料回來。」並給他們每人五兩銀子，以備急需。

兩人正擔著擔子趕路。突然，甲眼快，發現路邊有一「手巾包」，料定裡面是銀子，故意不露聲色把裝柑橘的籮筐壓在上面。

其實，乙跟在後面早就察覺，不聲不響地停在他旁邊。雙方你看看我，我看看你，捱了好一段時間。

甲知道無法隱瞞，便對乙說：「老弟，話講前面，這包銀子可是我撿到的……」

邊說邊端開籮筐，打開「手巾包」一看，裡面果然有一兩銀子。

乙笑嘻嘻地說：「老兄，這銀子你可不能獨吞哇，要分給我一半！」

甲本來就討厭乙跟著他，一聽十分惱火：「憑什麼要分給你一半？這不是明敲我的竹槓嗎？」

乙說：「見者有份，這是老規矩嘛，況且我們還是老鄰居呢！」

這樣一來，雙方唇槍舌劍，互不相讓，你罵一句，我罵一聲，進而發展到拿著扁擔動起武來。

碼頭上車來人往，圍觀的人越聚越多，衙役以影響交通為名，抓他們到衙門裡解決。

縣官立即升堂，一拍驚堂木大聲說：「古人云：君子取財有道，你二人竟昧金鬥毆，成何體統，快將銀子交上來，由本官交還失主！」

甲、乙這才醒悟過來，摀著錢袋不肯上繳。

那縣官怒了，讓衙役搜其身，結果除了兩人所撿到的銀子之外，妻子給的十兩銀子也全被衙役搜出送到縣官面前。

縣官沒收了兩人的所有銀兩，並且重打了他們三十大板，直打得兩人皮開肉綻。

回家的路上，兩人悔恨交加。

甲和乙兩人是自食其果，因為貪圖一兩銀子的小便宜，結果連自己的十兩銀子也搭了進去。

生活中類似的事情有很多很多，小便宜往往害人不淺，所以，我們要學會控制的慾望，在唾手可得的小便宜面前控制自己，因為天上不會掉餡餅，天下沒有免費的晚餐，人生活在這個紛紛擾擾的大千世界上，要學得聰明一點，睿智一點。

‥禪林清音‥

錯誤的人生行為，必然帶來痛苦的人生結果。

9. 玻璃與鏡子

一個富人去拜訪一位禪師，請教他為什麼自己有錢後變得越發狹隘自私了。

禪師把他帶到窗前，問：「向外看，告訴我你看到了什麼？」

富人說：「我看到外面世界的很多人。」

禪師又將他帶到一面鏡子前，問：「現在你又看到了什麼？」

富人回答：「我自己。」

禪師一笑說：「窗子和鏡子都是玻璃做的，區別只在於多了一層薄薄的銀子。但就是因為這一點銀粉，便叫你只看到自己而看不到世界了。」

·.·道破禪機·.·

不要讓錢蒙蔽了心靈

雅虎CEO楊志遠說：「很多人把錢看成了人生目標，或者職業目標，在做人做事的時候以錢為第一要務，這樣即使真的擁有了金錢，也會喪失了人生真正的快樂。」

錢是可以給人帶來快樂，但若是讓錢蒙蔽了自己的心靈，那麼它就是萬惡的，它會讓你變得狹隘、自私，眼中只有自己的利益而看不到其他，而這樣的人怎麼能交到真正的朋友，獲得心靈的幸福呢？

樹上落了一隻嘴裡銜著一大塊什麼東西的烏鴉。許多追蹤這個富有者的烏鴉立刻成群飛來，它們說：「親愛的富有的烏鴉，把你嘴裡的肉分我一點吧！」

烏鴉搖搖頭，警惕地看著周圍的同類。

「親愛的富有的烏鴉，只要給我們每人一點點就好，我們保證你還最後還能留下一大塊！」

烏鴉心想，自己得到這塊肉是多麼得不容易，幹嘛非得讓他人想用呢？自私的烏鴉再次搖了搖頭。

這時，沒有烏鴉再說話了，它們靜靜地等著。

那只嘴裡叼著東西的富有的烏鴉已經很累了，很吃力的喘息著。它不可能把這一大塊東西吞下去，只好停在那

兒，保衛嘴裡的那塊東西。

也許是因為嘴裡叼著東西呼吸困難，也許是因為以前它被大家追趕，已經弄的精疲力竭，只見它搖晃了一下，突然失落了叼著的那塊東西。

所有的烏鴉都猛撲上去，在這場混戰中，一隻非常機靈的烏鴉搶到了那快東西，立刻展翅飛去。這當然是另一隻烏鴉，頭一隻烏鴉被追趕的精疲力竭的烏鴉也在跟著飛，但已明顯的落在大家後面了。

結果是第二隻烏鴉也像第一隻一樣，弄的精疲力竭，也落在一棵樹上，也是終於失落了那塊東西，於是又是一場混戰，所有的烏鴉又去追趕那個富有的烏鴉……

一隻富有的烏鴉的處境多麼可怕，而這只是因為它被一塊肉蒙蔽了自己，產生了自私自利的狹隘念頭，所以最終的結果是自己也享受不到肉的美味。

在我們的生活中，像烏鴉一樣的人也不在少數，因為一層銀子，把原本通透的玻璃變成了只能看見自己的鏡子，最終得不到真正的幸福與成功。

所以，拋棄那些狹隘、自私的念頭吧，不要被金錢蒙蔽了自己，人生在世，錢不是最重要的，獲得人生的幸福才是我們應該執著追求的！

·禪林清音·

錢，是醜陋的；心，是清淨的。

10. 送給小偷的銀子

山下村子裡有個偷盜成性的人，家家戶戶幾乎都被他偷遍了，所以人家時時刻刻防著他，他很難再有得手的機會。長時間沒偷到東西，他心裡實在癢得難受，於是就想到了山上住著的七里禪師。

七里禪師每晚的功課是念誦佛經。一天深夜，他正在誦經時，小偷闖了進來，用尖刀抵住七里的胸膛說：「把所有的錢財統統交出來！否則……」

七里禪師平靜地說：「錢都在破筐子裡，你自己去拿，別打擾我念經。」

小偷果然在破籮筐裡找到了銀兩。他急急忙忙將所有的銀子都塞進了自己的腰包。

這時，一直全神貫注念經的七里禪師說話了：「你一定把所有的銀子都拿了吧？也不給我留下明天的飯錢？你呀，要記住，做任何事，都要留有餘地。」

小偷見他未抬頭就能猜透自己的行為，心裡「咯噔」一下，真的留下了一些碎銀，悄悄向門口溜去……

「回來！」七里禪師忽然喊道：「難道，你就這麼走啦？你這傢伙，收了我的禮物，怎麼連個謝字都沒有？」

小偷啼笑皆非，尷尬地愣在了當場。他何曾遇到過這樣鎮靜、這樣風趣的失主呢？他不由得回轉頭，認真打量了七里禪師幾眼。

他發現，禪師神態坦然，面色安詳，眼裡清澈如水。目光相交的一瞬間，小偷感到自己格外骯髒。他鬼使神差

一樣給禪師鞠了一躬，說了聲「謝謝」，趕緊跑開了。

　　幾天之後，精神恍惚的小偷被逮住了。

　　作為他的受害者之一，七里禪師也被官府找去當面指證。然而，七里卻說：「別的案件我不清楚，但在我那兒，此人並沒有搶劫。那些銀子，是我送給他的，他已經向我道過謝了。」

　　幾年後，小偷刑滿釋放，他馬上找到七里禪師，剃度出家了。

·道破禪機·

錢財身外物

　　七里禪師面對小偷居然還「態坦然，面色安詳，眼裡清澈如水」，何故？因為七里禪師心裡很清楚，錢財乃身外之物，就由它去吧！生活中的你能夠這般坦然嗎？

　　有一個財主犯了罪，被帶到縣衙審問。

　　縣太爺為了證明自己是個清官，提出三種懲罰的方式讓財主選擇：

　　第一種是罰 50 兩銀子。

　　第二種是抽 50 皮鞭，

　　第三種是聲吃 5 斤大蒜。

　　財主既怕花錢又怕挨打，就選擇了第三種。

　　在人們的圍觀下，財主開始吃大蒜，「吃大蒜倒不是什麼難事，這是最輕的懲罰。」

　　當吃了第一顆大蒜時，財主是這麼想的。可越往下吃

越感到難受，吃完 2 斤大蒜的時候，他感到自己的五臟六腑都在翻騰，像被烈火炙烤一樣，他流著淚喊道：「我不吃大蒜了，我寧願挨 50 皮鞭！」

執法的衙役剝去財主的衣服，把他按到一條板凳上，當著面把皮鞭蘸上了鹽水和辣椒粉，財主看的膽戰心驚，打帶第10下時，財主痛的屁滾尿流，終於忍不住叫道：「青天大老爺，可憐可憐我吧，別再打我了，罰我 50 兩銀子吧。」

很多事情都是這樣的，人們總是千方百計保住自己口袋裡的錢，寧願其他方面吃苦頭，可是到最後人們都會後悔！其實，錢財真乃身外之物，何必為了錢而受罪呢？

老孟一家人志同道合地共同擁有一個想法，就是無論如何，都要賺到錢，這樣他們就能開好車，住好房，過上幸福的日子。為了賺錢，一家人起早貪黑，從不休息，衣食住行上能省則省。看著存摺上一天天累積疊加的數字，一家人都很開心。

可是一天，厄運突然而至。

先是老孟的兒媳婦得了胃癌到醫院做了切除手術，隨後老孟的妻子得了乳腺癌，年僅29歲的兒子還患有前列腺炎。在照顧三個病人的時候，老孟又感到不對勁了，到醫院一檢查結果全家人都傻了，老孟被診為胰腺癌晚期，大大小小的癌細胞腫瘤佈滿了整個胰腺！

得知此情形，老孟的妻子和兒子、媳婦兒跪在地上求醫生無論如何救救他，但醫生卻坦白地告訴他們沒治了，花多少錢都沒用，不是不願救他，是真的無能為力了。

妻子、兒子帶著老孟回了家，老孟整天疼得難以忍

受，也自知自己的病情嚴重，他近乎絕望地哀歎著：「沒想到錢也有沒用的時候，我這一輩子拼了命的賺錢，到頭來多少錢也救不了我的老命。」

回過頭來看看老孟這一生，和上個故事中的財主頗有相像之處，兩人最初都愛錢勝過愛自己，可是最後發現，錢是身外之物，根本不應該把它放在第一的位置。

非常走紅的小瀋陽說，人生最大的痛苦就是人死了錢還沒花完。這顯然是調侃，甚至有些低級趣味，但至少說明一個問題，錢財，生不能帶來，死不能帶走，它跟健康、快樂、幸福相比，顯得非常微不足道。我們應該學學七里禪師，任由錢財來去，用一顆平常心來看待金錢。

·禪林清音·

聰明人應將錢財視為身外物，不要無時不刻都在算計。

11. 禪師的生活

禪師們是思考人生大哲學的，精神世界極為豐富，而他們在物質生活方面，卻是十分簡樸的。

扁擔和尚一生只拾橡栗為食。

永嘉禪師不吃鋤頭種的菜，因為他怕鋤頭殺生。

慧林禪師一雙鞋子穿了整整二十年，遇到平軟的地就脫下鞋子赤腳行走。

通慧禪師終年一衣一服，衣服補了再補，不管冬天和夏天都是穿同樣的一套衣服。

慧開法師不管接受大小的施捨，馬上分散救濟貧苦的人。

大梅和尚參訪馬祖禪師，明心見性以後，隱居在深山中涵養，有人要請他出來當官，大梅和尚很幽默地回答說：「一池荷葉衣無盡，數樹松花食有餘。剛被世人知住處，又移茅舍入深居。」

富上法師坐在道路旁邊讀經，身邊放著一項大斗笠來化緣。因為馬路偏僻，來往的人很少，所以他沒什麼收穫。有人問他說：「大師，您為什麼不到城裡人多的地方去化緣呢？」

他回答說：「我只要一兩文錢就能夠維持生命了。」

‥道破禪機‥

回歸簡樸的生活

如果人在生活上過度追求奢侈，必然會有過多的個人慾望，個人慾望過多，就會貪圖榮華富貴，走上邪路，甚至招來災禍。因此，無論你是貧窮還是富裕，生活還是要回歸簡樸為好。

伊莉莎白二世是英國的女王，她經常說的一句英國諺語是：「節約便士，英鎊自來。」每天深夜她都親自熄滅白金漢宮小廳堂和走廊的燈，她堅持皇家用的牙膏要擠到一點不剩。

日本豐田汽車公司，號稱「車到山前必有路，有路必有豐田車」，他們在成本管理上從一點一滴做起，勞保手套破了要一只一只的換，辦公紙用了正面還要用反面，廁

所的水箱裡放一塊磚用來節水。

　　一個貴為一國之尊、一個是世界著名的跨國公司，節約意識竟如此強烈，令人讚歎。

　　比爾‧蓋茨是世界富翁，對於自己的衣著，比爾從不看重它們的牌子或是價錢，只要穿起來舒服就行。一次，比爾應邀參加由世界32位頂級企業家舉辦的「夏日派對」，那次他穿了一身套裝，價格還不到歌星、影星一次洗衣服的錢。但比爾不在乎這些，很高興地穿著這套衣服參加了這次會議。平日裡，比爾會選擇便褲、開領衫，以及他喜歡的運動鞋，但是這其中沒有一件是名牌。

　　此外，這位世界首富還沒有自己的私人司機，公務旅行不坐飛機頭等艙卻坐經濟艙，更讓人不可思議的是，他還對打折商品感興趣……

　　美國石油大王洛克菲勒也非常節儉，他常在一家餐廳吃便餐，每次用餐後，他都留下1元錢給服務生當小費。有一天，洛克菲勒又到這家餐廳用餐，餐後還是給了服務生1元小費，服務生忍不住說：「假如我是你，我不會吝嗇，給這麼少的小費。」洛克菲勒答道：「就因為這樣，你才會是一個服務生。」

　　其實，簡樸的生活習慣並不等於小氣，也不是消極，更不是沒有目標，它與富裕的程度、物質豐富的程度沒有必然的關係，與不同年齡、不同時代也沒有關係，但和社會的文明程度、個人的修養有著必然的關係。

　　簡樸是一種美德，是一種觀念，是一種習慣，是一個人生的至理，我們只有透過簡樸才能生活得有活力，才會感受到輕鬆和愉快，奢侈、貪婪永遠在簡樸之下。

見山是山，見水是水，返璞歸真。

12. 沙漠尋寶

一個人到沙漠中去尋找寶藏，可是沒等寶藏找到，身上帶的食物和水都已經沒有了，沒有吃的，沒有水，身上更沒有一點兒力氣，他只能靜靜地躺在那裡等待死亡的降臨。

在死前的那一刻，他向佛祖做了最後的祈禱：「佛祖啊，請幫幫我這個可憐的人吧！」

這時候，佛祖真的出現在了他的面前，問道：「你想要什麼呢？」

他急忙回答道：「我現在最想要的是食物和水，哪怕只有一點點也好。」

於是佛祖滿足了他的要求，這個人吃飽喝足以後，又繼續向沙漠的深處走去，很幸運的是，寶藏被他找到了，那些寶藏就在沙漠深處散發著奪目的光彩，於是他貪婪地將寶藏裝滿了身上所有的口袋。

但是，這個人已經沒有足夠的食物和水來支持他走完剩下的路了，他帶著寶藏往回走，由於體力又一次下降，他只好扔掉了一些寶藏，一邊走一邊從口袋裡往外扔著，到最後把身上所有的東西都扔掉了，這個時候他無奈地躺在地上，佛祖又出現在他的面前，問道：「現在，你還要什麼呢？」

這個垂死的人回答道：「食物和水，更多的食物和水！」

·道破禪機·

知道自己真正需要什麼

故事中的人到死才發現，自己真正需要的是「食物和水，更多的食物和水」。人生在世，總有慾望，而你知道自己真正需要的是什麼嗎？還是一直在為了想要但不需要的金錢、權力「奮鬥」不息？

有一個非常有錢的老總，他犧牲了所有陪伴家人的時間，賺取了富可敵國的金錢，可是他仍然覺得不快樂。

這天，他遇到一位心理學家，心理學家問了他一個問題：「有兩棟非常高的大樓，樓頂上風很大，絕大多數人站在樓頂上都會感覺整個身子輕飄飄的，好像整個心都會飄出來一樣，人一不小心就會從樓頂掉下去，恨不得馬上離開樓頂。如果是有懼高症的人站上去，那種感覺更是恐怖，甚至馬上就會昏倒！現在的問題是：在兩棟樓之間，有一塊20公尺長，1公尺寬的木板可以把兩棟大樓連起來，你願意走過去嗎？」

老總立刻搖頭說：「不願意，太危險了。」

「如果我給你一百元，你願意嗎？」心理學家說。

老總呵呵一笑，輕輕搖頭。

「如果是一千元呢？」心理學家慢條斯理地說。

老總還是搖頭。

心理學家的價碼慢慢累加到一萬、十萬、一百萬一

千萬、一個億……老總期間有過猶豫，但最終還是搖頭：「錢再好，也比不過我生命的重要。」

心理學家點頭，繼續說：「現在設想一下，如果對面樓頂上站著的是你不懂事的小孩，你最愛的寶貝，他正在向你走來，再往前走就有可能掉下樓去，沒有錢給你，你會過去嗎？」

老公震驚了，立刻點頭：「那是當然！」

心理學家微微一笑，說：「看，你的選擇已經幫你解決了問題！對於你來說，真正需要的不是錢，而是自身的健康和家人的平安，對嗎？所以，現在少花點時間在工作上吧，錢不能帶給你快樂，而你真正需要的，能夠帶給你快樂的是你剛才所做的選擇！」

人到死也離不開慾望，命運總是在滿足一個人的慾望的同時，塞給他一個更難滿足的新的慾望。可是，這些慾望真的是我們所需要的嗎？其實大多數時候不是。明白自己真正需要什麼，是獲得人生幸福的關鍵。

·禪林清音·

禪是神妙的，一旦在生活中發揮功用，則活潑自然，讓你不受慾念牽累，不受外物制約，充滿生命力。

13. 道信收徒

道信禪師去拜訪法融禪師，兩人坐在青石上談法。突然來了一隻老虎，這隻老虎是法融飼養的，他自然不怕，

道信禪師心中也不害怕，可是他故意裝出害怕的樣子。

法融見他這樣，笑著說：「你還有這個在嗎？」

道信禪師知道，他指的是「恐懼感」。

禪，講的是「平常心」，無論悲歡、喜憂、恐懼，都應該坦然處之。在法融看來，道信居然還有恐懼感在，那他修行的境界實在太淺了！所以法融就撇下道信，回禪堂去了。

法融走後，道信就在法融剛才坐過的地方寫了個「佛」字，然後等法融回來。過了一會兒，法融從禪房裡出來，看見道信還在剛才的地方靜坐，覺得有些失禮，於是過去和道信談話。

剛準備坐下，突然發現了地上的「佛」字，法融嚇了一跳，說道：「你這和尚，居然在我坐的地方寫了個『佛』字，要是我沒看見，坐下去的話，豈不是對佛的大不敬！阿彌陀佛，險些侮辱了佛祖。」

道信大笑說道：「你還有這個在嗎？不怕老虎，卻怕這一個字！你的這個還在心中啊！自心即是佛，平日坐臥就是佛法，處處受『佛』的束縛，豈能成佛？」

法融當即悔悟，他明白了原來道信的功底遠在自己之上，因此，就放棄了平生所學的那一派佛學，拜道信為師，成了他的弟子。

·道破禪機·

克服內心的恐懼感

所謂恐懼心理，是在真實或想像的危險中，個人或

群體深刻感受到的一種強烈而壓抑的情感狀態。恐懼心理的消極作用是不言而喻的。這種心理一旦產生，它將嚴重地阻礙人們行動的勇氣，而且對人的身心健康有很大的危害。例如，有的人恐懼某種疾病，他可能喪失與病魔抗爭的勇氣；有的人恐懼成功，他在差一點點就能成功的路上放棄了所有的努力；有的人恐懼上司，與公司上司接觸時會變得語無倫次、動作拘謹等等。

經驗告訴我們，人們經常怕這怕那，實際上在所有這些擔心當中，只有百分之幾的事情會發生，而且遠遠不像當初想像的那麼可怕。大多數的事情，往往是人們在自己的心裡把困難誇大了，將一些問題想得過於嚴重了，從而徒增恐懼，自己把自己嚇得止步不前，甚至倒下。

一位心理學家帶他的學生們去做一個試驗。他把他的學生們帶到了一個沒有開燈的黑屋子裡，屋子裡有一座窄窄的橋。

心理學家問：「誰敢從這座橋上走過去？」

不服氣的學生們一個接一個踏上那座窄橋，並順利地走了過去。

心理學家打開了一盞幽幽的小燈。燈光昏暗，但是學生們看清楚了橋下是漆黑的水潭。誰也不知道那水有多深，而且在幽幽的燈光下，水潭顯得更加詭異莫測。

心理學家再次問：「現在，誰敢從這座橋上走過去？」學生們有些猶豫，但是大部分人還是走上那座橋，依舊小心翼翼走了過去。

心理學家再次打亮一盞燈，這盞燈的燈光較先前的那盞亮多了，學生們看到水潭裡的景象，心頭不禁打個冷

戰。只見水潭裡有數不清的蛇游來游去，有一條眼鏡蛇還吐著長長的信子昂頭衝著那座橋。學生們無不倒吸一口冷氣，心裡在慶幸自己幸好沒有掉下去。

心理學家再次問：「這下，誰還敢走過那座橋？」幾乎沒有學生敢再踏上那座橋了。

這時，只見心理學家踏上了那座橋，穩穩地走到了對面，學生們都驚呆了。心理學家沒有說話，只是再次打亮一盞更亮的燈讓學生們細看，原來橋和水潭之間密佈著一張細細的鐵絲網，學生們面面相覷。

心理學家這時開口了：「同學們，這就是我們心靈的力量。我們不知道，恐懼正是來自於我們的內心。在燈開亮之前，我們所有人都能夠小心地走過那座橋，那時候，黑暗對我們來說，不值得恐懼。反而是黑暗讓我們變得小心，而不至於出錯。但是，當燈被一盞盞打亮，我們被自己內心的恐懼限制住了，反而不敢邁步走向那座橋。其實，我們任何一個人都可以走過那座橋。那座橋，就是我們內心的力量。只要我們不被自己內心的恐懼所震懾，我們都有能力輕鬆地過橋。」

有時候，正是由於不知道面臨著怎樣的境況，我們才不會恐懼，一旦我們清楚地看到了自己的處境，我們反而會卻步不前。任何時候，都不要被自己內心的恐懼所震懾，這才是我們成功的開始。

┌・・禪林清音・・┐

禪，講的是「平常心」，無論悲歡、喜憂、恐懼，都應該坦然處之。

14. 禪師翻跟頭

有一個人做事非常緊張,時而出醜。一天,他遇見了一位禪師,禪師這樣對他說:「人生在世第一件得學習的事就是摔倒不受傷,從椅子上栽跟頭都不在乎!我學習了摔倒不受傷的本領,我來教給你。」

原來這位禪師在出家前是一名馬戲團的小丑演員,於是他先跟著老禪師學習翻跟頭。

禪師說:「從椅子上往下摔的時候,你要記得你不是別的,只要是一隻舊襪子,這樣就不在乎摔倒了;舊襪子不會受傷,也不會斷,這就是全部訣竅。現在我們來假裝舊襪子吧,不要硬撞。注意!你周身都是軟綿綿的,別讓肌肉硬僵僵的。」

就這樣練習,禪師把他舉起,往下一扔,他果然沒有受傷。這個人從此得到教訓,每遇到事情就告訴自己,不要緊張,把自己當做是一隻軟綿綿的舊襪子,身體如此,精神也如此。

∴道破禪機∴

告別緊張情緒

當今世界是一個競爭激烈、快節奏、高效率的社會,這就不可避免地給人帶來許多緊張和壓力。精神緊張會導致人急躁、激動、惱怒,無法做出正確的選擇和判斷,對人們的生活、工作造成了許多不利影響。

　　電視上有一個娛樂節目，內容就是數鈔票比賽。節目裡主持人會拿出一大疊鈔票，這一大疊鈔票裡面，有大小不一的各類幣種，按不同順序雜亂重疊著，在規定的三分鐘內，讓現場選拔的四名觀眾進行點鈔比賽。這四名參賽的觀眾中，誰數得最多，數目又最準確，那麼，他就可以獲得自己剛剛數得的現金。

　　這個娛樂節目一播出，頓時引起全城轟動。在三分鐘內，不說數幾萬，應該也數出幾千來吧。而在短短的幾分鐘內，就能獲得幾千塊錢的獎勵，能不叫人刺激和興奮嗎？所以報名參加的人很多。

　　這一期遊戲開始了，「幸運」的四個人開始埋頭「沙沙沙」地數起了鈔票。當然，在這三分鐘內，主持人是不會讓人安心點鈔的，他還會拿起話筒，輪流給參賽者出腦筋急轉彎的題目，來打斷他們的正常思路，並且，必須答對題目才能接著往下數。幾輪下來，時間就到了，四位參賽觀眾手裡各拿了厚薄不一的一疊鈔票。主持人拿出一支筆，讓他們寫出剛才所數鈔票的金額。

　　第一位，3472元；第二位，5836元；第三位，也數出了4889元的好成績；而第四位，只數出區區500元。四個觀眾所數鈔票的數目，相距甚遠。當主持人報出這四組數字的時候，台下頓時一片哄笑，他們都不理解，第四位觀眾為什麼會數得那麼少呢？

　　這時，主持人開始當場驗證剛才所數鈔票數目的準確性。在眾目睽睽之下，主持人把四名參賽觀眾所數的鈔票重數了一遍，正確的結果分別是：3372、5881、4879、500。也就是說，前三名數得多的參賽觀眾，不是多計

了，就是少計了，距離正確數目都有一「票」之差。只有數得最少的第四位才完全正確。

按遊戲規則，那麼也只有第四位觀眾才能獲得500元獎金，而其它的三位參賽觀眾，都只是緊張地做出了三分鐘的無用功。

看到這樣出乎意料的結果，台下的觀眾先是沉默，繼而爆發出熱烈的掌聲。這時，主持人拿出話筒，很嚴肅地告訴大家一個秘密：自從這個節目開辦以來，在這項角逐中，所有參賽者所得的最高獎金，從來沒人能超過1000元。

全場觀眾若有所悟。

主持人最後說：「我們的節目之所以能夠放心地讓參賽者隨意數錢，是因為我們知道他們一定會精神高度緊張，如果期間有一些『打擾』，那麼正確率會非常低！」

主持人和節目組正是抓住了人類情緒的密碼，才會屢屢「得逞」。

確實，人們在面對許多事情的時候會因為過度緊張影響判斷，雖然習慣上人們會勸自己「別緊張」，「有什麼了不起的」然而，十分不幸的是，這種辦法幾乎是行不通的，實際上這會使人感到更加不安。

那麼，當一個人已經出現了緊張的情緒反應時，該怎麼調適呢？老禪師給出了一個非常好的方法——把自己當做是一隻軟綿綿的舊襪子，告訴自己「我不會受傷，也不會斷，保持柔軟」，這種心理暗示會逐漸緩和我們的緊張情緒，幫助我們坦然從容地應對問題，有條不紊地做自己的該做的事情。

・禪林清音・

　　抱著從容之心看人生，自然清心自在，活力無窮。

15. 一日不作，一日不食

　　百丈懷海禪師是福建人，為馬祖席下最著名的入室弟子，後住江西百丈山，世稱為百丈禪師。四方禪僧，紛至遝來，席下人才濟濟，如溈山、希運等後來都成為了一代宗師。

　　懷海禪師對禪宗的一個巨大貢獻就是訂立了著名的禪門清規——《百丈清規》，大力宣導「農禪」的生活。

　　許多佛教徒認為他這樣做是犯了「戒」律，但百丈禪師不為所動，仍然以身作則，親自帶領徒弟們下地勞動，並且發誓說要「一日不作，一日不食」。

　　歲月不饒人，轉眼老禪師到了兩鬢蒼蒼、顫顫巍巍的風燭殘年。雖然體力不支，但他仍然不聽眾人的苦苦勸告，堅持親自下田勞動。

　　有一個僧人靈機一動，想出一個「好」辦法。他趁老禪師入睡的時候，把老人下地勞動的工具偷走藏了起來，心想這下我們師父就不用再下田了。

　　老禪師醒來後發現工具不見了，又看到徒弟們面有喜色，就知道是他們搞的鬼。老禪師也曉得徒弟們是為了他好，但自己訂立的規矩和堅守的信條怎麼能就此打破呢？

　　老禪師說：「我沒有什麼德行，怎麼敢讓別人養著我

呢?」於是,便以絕食抗議徒弟們的關心,「我既然發誓一日不作,一日不食,就該終生遵守。現在我沒工具下地幹活,違背了誓言,就只好用絕食來謝罪啦。」

徒弟們一看師父要來真格的,慌得不得了,趕緊偷偷把工具又放了回去。

據說百丈懷海禪師在九十四歲時,還與弟子們一起勞動。也許正是老禪師的知行合一,身體力行,「一日不作,一日不食」的老規矩才能一代代傳了下來,直至今日。

∵·道破禪機·∵

別給懶惰找藉口

有人以為參禪,不但要摒絕塵緣,甚至工作也不必去做,認為只要打坐就可以了。其實不做工作,離開生活,那裡還有禪呢?不管參禪也好,世俗裡的生活也好,任何理由都不是懶惰的藉口。

從前,在一個偏僻的小村莊裡,住著一位農夫,他只有很小的一塊田地,但是他卻非常珍惜,一直都很認真地耕種。有一年,他的收成很不好,到了春耕的時候只剩下一小袋種子,他視如珍寶。

播種的當天,天剛一亮,他就從床上爬起來,來到了他那塊田裡。

他十分小心,生怕遺失了每一粒種子。到了正午時分,太陽毒辣辣地烘烤著他的脊背,他感到很疲乏,便停下來在樹旁休息。當他坐下的時候,一把種子突然從袋子裡灑了出來,掉到了樹幹下的一個樹洞裡。雖然只是一點

種子，但這個農夫來講，每一粒種子都是寶貴的，丟失了都是損失。

農夫心疼不已，他拿著鏟子，開始挖這株樹的樹根。天氣越來越熱，汗水沿著他的脊背和眉毛滴了下來，但他還是不停地挖。當他終於挖到種子時，他發現它們掉在了一個被埋著的盒子上面。

他撿起了種子，又順便打開了那個盒子，在打開的那一刻，他驚呆了，原來盒子裡裝滿了黃金，那些寶貝足夠讓他過完下半輩子。

從此以後，這個原本貧窮的農夫成了一個富有的人，當人們對他說：「你真是世界上最幸運的人。」時，他卻笑著說：「不錯，我是很幸運，但這些都源於我的辛勤勞作和對種子的珍惜。」

這是個簡單的道理：意外的報酬源於辛勤的勞作。

在一個池塘邊生活著兩隻青蛙，一綠一黃。綠青蛙經常到稻田裡覓食害蟲，黃青蛙卻經常悠閒地躲在路邊的草叢中閉目養神。

有一天黃青蛙正在草叢中睡大覺，突然聽到有人叫：「老弟，老弟。」它懶洋洋地睜開眼睛，發現是田裡的綠青蛙。

「你在這裡太危險了，搬來跟我住吧！」田裡的綠青蛙關切地說，「到田裡來，每天都可以吃到昆蟲，不但可以填飽肚子，而且還能為莊稼除害，況且也不會有什麼危險。」

路邊的青蛙不耐煩地說：「我已經習慣了，幹嘛要費神地搬到田裡去？我懶得動！況且，路邊一樣也有昆蟲

吃。」

　　田裡的青蛙無可奈何地走了。幾天後，它又去探望路邊的夥伴，卻發現路邊的黃青蛙已被車子軋死了，正好暴屍在馬路上。

　　很多災難與不測都是因為我們的懶惰和其他不良習慣造成的，舉手之勞的事情卻不願為之，就註定要為此付出沉重的代價。所以，別為自己的懶惰找藉口了，命運靠自己來掌握，選擇勤勞就可以得到幸福，攜帶懶惰永遠難逃厄運。

・禪林清音・

　　懶惰雖然柔弱似水，卻常常把我們征服：它滲透進生活中一切目標和行為，蠶食和毀滅著激情和美德。

16. 十後悔

　　有一學僧問雲居禪師道：「弟子每做一事，事後總不勝懊悔，請問老師，為什麼我有那麼多的懊悔呢？」

　　雲居禪師道：「你且先聽我的十後悔：

　　(一)逢師不學去後悔；

　　(二)遇賢不交別後悔；

　　(三)事親不孝喪後悔；

　　(四)對主不忠退後悔；

　　(五)見義不為過後悔；

　　(六)見危不救陷後悔；

（七）有財不施失後悔；

（八）愛國不貞亡後悔；

（九）因果不信報後悔；

（十）佛道不修死後悔。

這以上十種後悔，你是哪種後悔？」

學僧摸摸頭，無可奈何地說道：「老師，看起來這些後悔，都是我的毛病！」

雲居禪師道：「你既知道是毛病，就要火速治療呀！」

學僧問道：「我就是因為不懂得治療，所以懇請老師慈悲開示！」

雲居禪師開示道：「你只要把十後悔中的『不』字改為『要』字就可以了，例如：『逢師要學，遇賢要交，事親要孝，對主要忠，見義要為，見危要救，得財要施，愛國要貞，因果要信，佛道要修。』這一字的藥，你好好服用！」

·道破禪機·

世上沒有後悔藥

當做錯事的時候，我們總想吃一顆後悔藥，可世上沒有後悔藥！所以我們做每一件事、每一個決定之前，都要以自己的原則去考慮，三思而後行，不能一時衝動，只有這樣才能有效避免後悔的情況發生。

獵人抓住了一隻鳥兒，突然，鳥兒說話了：「放了我，我將給你一條忠告。」

「先告訴我，」獵人回答道，「我起誓我會放了你。」

「這條忠告是，」鳥兒說道，「做事後不要懊悔。」然後鳥兒對獵人說，「該放我走了吧。」獵人依言將鳥兒放了。

這隻鳥兒飛起後落在一棵高樹上，並向獵人大聲喊道：「你真愚。你放了我，但你並不知道在我的嘴中有一個價值連城的大珍珠。正是這個珍珠使我這樣聰明。」

這個獵人很想再捕獲這隻放飛的鳥兒，他跑到樹跟前並開始爬樹，但是當爬到一半的時候，他掉了下來並摔斷了雙腿。

鳥兒嘲笑他並向他喊道：「笨蛋！我剛才告訴你的忠告你全忘記了。我告訴你一旦做了一件事情就別後悔，而你卻後悔放了我！你想一想，像我這樣一隻小鳥兒的嘴中會有一個很大的寶貴珍珠嗎？結果你為了抓我試圖爬上這棵大樹，還掉下去摔斷了你的雙腿。」

鳥兒停頓了一下，看著哀號的獵人繼續說：「希望你永遠記住，對聰明人來說，一次教訓比蠢人受一百次鞭撻還深刻。」說完鳥兒就飛走了。

我們知道，世界上沒有後悔藥。而且，可以肯定，假如有後悔藥，那一定是最暢銷的東西。無數人的經驗教訓證明，生活在不斷湧來的後悔裡，是人生最大的失敗，也是最悲哀的痛苦。所以，我們要從每一次後悔中吸取教訓，做一個聰明人，再不做後悔事。

·禪林清音·

不要浪費你的生命在你一定會後悔的地方上。